Nunguvik et Saatut

Sites paléoeskimaux de Navy Board Inlet, île de Baffin

Guy Mary-Rousselière

Collection Mercure
Commission archéologique du Canada
Numéro 162

Publié par le
Musée canadien des civilisations

DONNÉES DE CATALOGAGE AVANT PUBLICATION DE LA BIBLIOTHÈQUE NATIONALE DU CANADA

Mary-Rousselière, Guy, 1913-1994

Nunguvik et Saatut : sites paléoeskimaux de Navy Board Inlet, île de Baffin

(Collection Mercure, ISSN 0316-1854)
(Dossier / Commission archéologique du Canada, ISSN 0317-2744; n° 162)
Comprend du texte préliminaire en anglais.
ISBN 0-660-61946-6

1. Nunguvik (Nunavut : site archéologique).
2. Saatut (Nunavut : site archéologique).
3. Inuit − Nunavut − Baffin, Île de − Antiquités.
4. Fouilles (Archéologie) − Nunavut − Baffin, Île de.
5. Indiens du paléolithique − Nunavut − Antiquités.
6. Culture de Dorset − Nunavut − Baffin, Île de.
7. Baffin, Île de (Nunavut) − Antiquités.
I. Musée canadien des civilisations.
II. Commission archéologique du Canada.
III. Titre.
IV. Coll. : Dossier (Commission archéologique du Canada); n° 162.

E99.E7M37 2002   971'9'52   C2002-980012-9

 IMPRIMÉ AU CANADA

Publié par le
Musée canadien des civilisations
100, rue Laurier
C.P. 3100, succursale B
Hull (Québec)
J8X 4H2

Réviseur technique : Richard Morlan
Compilé par : Patricia D. Sutherland
Chef de la production : Deborah Brownrigg
Graphiste : Friedman Communications et Roger Langlois Design

Photos de la couverture :
Plat recto : Nunguvik et Navy Board Inlet
Photo : Patricia D. Sutherland

Plat verso : Vue aérienne du complexe d'habitation de culture Dorset 73 fouillé à Nunguvik
Photo : Patricia D. Sutherland

Sculpture à double tête de morse et d'ours, Saatut
Photo : Harry Foster

Sculpture à double tête de morse et d'ours, Nunguvik
Photo : Harry Foster

BUT DE LA COLLECTION MERCURE

La collection Mercure vise à diffuser rapidement le résultat de travaux dans les disciplines qui relèvent des sphères d'activités du Musée canadien des civilisations. Considérée comme un apport important dans la communauté scientifique, la collection Mercure présente plus de trois cents publications spécialisées portant sur l'héritage canadien préhistorique et historique.

Comme la collection s'adresse à un public spécialisé, celle-ci est constituée essentiellement de monographies publiées dans la langue des auteurs.

Pour assurer la prompte distribution des exemplaires imprimés, les étapes de l'édition ont été abrégées. En conséquence, certaines coquilles ou fautes de grammaire peuvent subsister : c'est pourquoi nous réclamons votre indulgence.

Vous pouvez vous procurer les titres parus dans la collection Mercure par téléphone, en appelant au 1 800 555-5621, par courriel, en adressant votre demande à <publications@civilisations.ca>, par Internet, à <http://www.cyberboutique.civilisations.ca> ou par la poste, en écrivant au :

Service des commandes postales
Musée canadien des civilisations
100, rue Laurier
C.P. 3100, succursale B
Hull (Québec) J8X 4H2

OBJECT OF THE MERCURY SERIES

The Mercury Series is designed to permit the rapid dissemination of information pertaining to the disciplines in which the Canadian Museum of Civilization is active. Considered an important reference by the scientific community, the Mercury Series comprises over three hundred specialized publications on Canada's history and prehistory.

Because of its specialized audience, the series consists largely of monographs published in the language of the author.

In the interest of making information available quickly, normal production procedures have been abbreviated. As a result, grammatical and typographical errors may occur. Your indulgence is requested.

Titles in the Mercury Series can be obtained by calling 1-800-555-5621; by e-mail to <publications@civilization.ca>; by Internet to <http://www.cyberboutique.civilization.ca>; or by writing to:

Mail Order Services
Canadian Museum of Civilization
100 Laurier Street
P.O. Box 3100, Station B
Hull, Quebec J8X 4H2

Canadä

Père Guy Mary-Rousselière à Nunguvik

Résumé

Nunguvik, situé sur la côte occidentale de Navy Board Inlet, dans le nord de l'île de Baffin, est un des plus vastes sites archéologiques de l'Arctique canadien. Occupé surtout au cours des 2000 dernières années, le site renferme d'importantes composantes liées à des établissements Paléoeskimaux dorsétiens et Inuits thuléens. Le père Guy Mary-Rousselière, missionnaire au sein de la communauté de Pond Inlet, a effectué des fouilles à 19 reprises à Nunguvik et sur le site voisin de Saatut. Ce livre est basé sur une description manuscrite des composantes dorsétiennes à Nunguvik et à Saatut qui a échappé au tragique incendie de 1994, durant lequel est décédé le prêtre. Le manuscrit a été révisé et des photographies y ont été ajoutées qui illustrent la variété des technologies paléoeskimaudes présentes dans ces composantes. Il est complété par un rapport bref traitant des découvertes récentes qui ont mené à une réévaluation de ces sites importants.

Abstract

Nunguvik, located on the western coast of Navy Board Inlet in northern Baffin Island, is one of the largest archaeological sites in Arctic Canada. Occupied for much of the past 2000 years, the site contains major components related to Dorset Palaeo-Eskimo and Thule Inuit settlements. Fr. Guy Mary-Rousselière, missionary in the community of Pond Inlet, spent 19 seasons excavating at Nunguvik and the related site of Saatut. This book is based on a manuscript description of the Dorset components at Nunguvik and Saatut, that survived the tragic 1994 fire which took Fr. Mary's life. The manuscript has been edited, supplemented by photographs selected in order to exemplify the range of Palaeo-Eskimo technologies represented in these components, and complemented by a brief report on recent discoveries which have led to a re-evaluation of these important sites.

Avant-propos

Le père Guy Mary-Rousselière était une des personnalités les plus extraordinaires de la communauté des archéologues de l'Arctique. Ce missionnaire français, artiste, cinéaste, féru d'histoire inuite et d'ethnographie, représentait aussi la quintessence de l'archéologue amateur. Né à Le Mans, en 1913, élevé à Paris, il s'intéressa à l'archéologie durant ses années d'études au séminaire qu'avait fréquenté l'abbé Henri Breuil, pionnier de l'archéologie paléolithique. Ordonné prêtre chez les Oblats de Marie Immaculée, en 1938, celui qu'on appellera familièrement le « père Mary » fut immédiatement envoyé dans le nord du Canada, où il servit d'abord dans des communautés dénées, puis chez les Inuits de Pond Inlet, Igloolik, Baker Lake, Repulse Bay, Pelly Bay et encore à Pond Inlet.

Dans le préambule de son manuscrit, le missionnaire note que son intérêt pour l'archéologie arctique a été d'abord piqué en 1946 par les histoires de Monica Ataguttaaluk sur des ruines tunites, près de sa mission, à Igloolik. Ayant associé ces ruines à la culture dorsétienne qui avait été le sujet de la recherche de Graham Rowley dans la région, en 1949 il essaya d'intéresser, sans succès, l'archéologue André Leroi-Gourhan au matériel de ces sites. En 1954, il servit de guide à Jørgen Meldgaard, dans la région d'Igloolik, et fut ainsi initié aux techniques de fouilles archéologiques comme on les pratiquait à l'époque.

C'est après 1960, année de sa réassignation à la communauté de Pond Inlet, où ses fonctions pastorales, relativement légères, lui laissaient suffisamment de temps pour poursuivre ses autres intérêts, que sa vocation archéologique commença à jouer un plus grand rôle dans sa vie. En 1965, Lazarusi Qajak, de Pond Inlet, lui montra l'immense site archéologique de Nunguvik et, deux ans plus tard, Asarmik Kipumi le conduisit à l'emplacement voisin de Saatut, où il avait par hasard découvert les restes d'un autre grand site. C'est ainsi que, entre 1967 et 1989, le père Mary et ses assistants sur place, aidés de visiteurs occasionnels et de gens venus du Canada, des États-Unis et d'Europe, passèrent dix-neuf saisons de fouilles sur ces sites et d'autres.

Le père Mary s'éteignit de façon inattendue à l'hiver 1994, dans l'incendie de son logis, à la mission de Pond Inlet. Une grande partie des archives qu'il avait accumulées fut détruite: notes archéologiques, photographies, enregistrements et transcriptions liés à la tradition orale et à la généalogie locale. La plupart des documents, notes et photographies qui ont échappé au sinistre sont maintenant conservés dans les archives photographiques du diocèse de Churchill-Baie-d'Hudson à Churchill, au Manitoba, et à la bibliothèque Rebecca Idlout, de Pond Inlet. Les articles archéologiques existants incluent plusieurs milliers de spécimens, catalogués et entreposés au Musée canadien des civilisations, les rapports sommaires et préliminaires sur les saisons de fouilles, et le manuscrit qui forme la base de la présente publication. Les parties du manuscrit qui avaient été achevées avant la mort de leur auteur ont été soumises à Jacques Cinq-Mars, du Musée canadien des civilisations, afin qu'il puisse les commenter et proposer des suggestions en vue de la préparation d'une éventuelle publication qui deviendrait le rapport final des fouilles effectuées aux sites de Nunguvik et de Saatut.

Le manuscrit du père Mary est demeuré au stade préliminaire. Il y manque en effet quantité d'informations liées à la formation des sites, à leurs particularités structurelles, aux fouilles et à la provenance des spécimens, toutes informations essentielles à une utilisation valable de notes archéologiques Toutefois, étant donné l'importance des collections des sites Nunguvik et Saatut, la commission archéologique du Canada a jugé que le travail du père Mary, en dépit de ses carences, méritait d'être connu et diffusé en étant publié dans la collection Mercure.

Dans le but d'ajouter au caractère utilitaire de l'ouvrage, il a été décidé d'illustrer un échantillon relativement vaste des artefacts des collections de Nunguvik et de Saatut. La sélection a été basée en grande partie sur les spécimens retenus par le père Mary pour être photographiés, et ses identifications et terminologie ont été utilisées dans les légendes. Les limitations sur les nombres des planches ont exclu plusieurs des artefacts qu'il avait choisis, aussi bien que la rendre impraticable d'arranger les spécimens selon les maisons

chez Nunguvik. En outre, plusieurs des spécimens que le père Mary aurait souhaité illustrer étaient inclus dans l'exposition *Quêtes et songes hyperboréens* et n'étaient pas disponibles alors que le travail photographique a été faits.

La publication du volume a été rendue possible grâce au travail d'une équipe. Patricia Sutherland a choisi les artefacts pour la photographie, a organisé les images, a rédigé les légendes correspondantes, a fourni un rapport concluante sur Nunguvik et Saatut, et a assemblé le livre. Jacques Cinq-Mars a photographié les artefacts et a assemblé les planches. Robert McGhee, avec l'aide de Roger Marois, a révisé le manuscrit original. Cornelius Nutarak a contribué au projet en dessinant une tête de harpon de Saatut et en fournissant l'information relative à sa reproduction et à son utilisation. L'équipe espère que la mise en commun de ses efforts aura réussi à produire un document qui saura faire découvrir la richesse de l'héritage archéologique du père Guy Mary-Rousselière et son utilité.

Foreword

Father Guy Mary-Rousselière was one of the more extraordinary personalities in the community of Arctic archaeology. Missionary, artist, film-maker, student of Inuit history and ethnography, Fr. Mary was also the quintessential avocational archaeologist. Born in Le Mans in 1913 and raised in Paris, he became interested in archaeology during his student days at the seminary where the pioneering Palaeolithic archaeologist l'abbé Breuil had studied. In 1938 he was ordained in the order of Oblates of Mary Immaculate, and immediately moved to northern Canada where he served first in Dene communities, and then in the Inuit communities of Pond Inlet, Igloolik, Baker Lake, Repulse Bay, Pelly Bay and finally back to Pond Inlet.

As he notes in the preamble to this book, Fr. Mary's interest in Arctic archaeology was first piqued in 1946 by Monica Ataguttaaluk's stories about the Tunnit ruins near his mission at Igloolik. Having identified these ruins with the Dorset culture which had been earlier investigated in this area by Graham Rowley, in 1949 Fr. Mary tried unsuccessfully to interest Palaeolithic archaeologist André Leroi-Gourhan in the materials from these sites. In 1954 he served as Jørgen Meldgaard's guide to the Igloolik region, and was introduced to the techniques of archaeological excavation as practiced at the time.

His archaeological vocation began to play a larger part in his life after 1960, when he was reassigned to the community of Pond Inlet and his relatively light pastoral duties left sufficient time to pursue his other interests. In 1965 Lazarusi Qajak of Pond Inlet showed him the immense archaeological site of Nunguvik, and two years later Asarmik Kipumi took him to the nearby location of

Saatut where he had accidentally discovered the remains of another large site. Between 1967 and 1989 Fr. Mary and his local assistants, augmented by occasional visitors and helpers from Canada, the U.S.A. and Europe, spent 19 seasons excavating at these and other sites.

Fr. Mary's life came to an unexpected end during the winter of 1994, when his living quarters at the Pond Inlet mission caught fire and burned. The fire also destroyed many of the records of his life's work, in the form of archaeological notes and photographs, as well as audio tapes and written records related to oral history and local geneology. Most of the documents, notes, and photographs which remained after the fire are now maintained in the Diocese of Churchill-Hudson Bay Photograph Archives in Churchill, Manitoba, and the Rebecca Idlout Library in Pond Inlet. The surviving archaeological items include several thousand catalogued specimens stored at the Canadian Museum of Civilization, brief and preliminary reports on individual field seasons, and the manuscript which forms the basis of this publication. The portions of the manuscript which had been completed prior to Fr. Mary's death had been sent to Jacques Cinq-Mars of the Canadian Museum of Civilization, for comment and suggestions in preparation for eventual publication as the final report on the excavations at the sites of Nunguvik and Saatut.

The manuscript of Fr. Mary's final report is clearly preliminary, and lacks much of the information related to site formation, structural features, excavation and the provenience of specimens which are considered necessary attributes of a useful archaeological account. Despite its limitations, however, the Archaeological Survey of Canada decided that the importance of the Nunguvik and Saatut site collections merited a public record of Fr. Mary's work in the form of a Mercury Series publication.

In order to increase the usefulness of such a book, it was decided to illustrate a relatively large sample of the artifacts in the Nunguvik and Saatut collections. The selection of specimens was based mainly on those which Fr. Mary had set aside for photographing, and his identifications and terminology were used in the accompanying captions. Limitations on the numbers of plates precluded many of the items which he had selected, as well as making it impractical to arrange the plates by house feature at Nunguvik. In addition, many of the pieces which Fr. Mary would have wished to illustrate were travelling with the exhibition *Lost Visions, Forgotten Dreams*, and were not available at the time that the photographic work was done.

The publication of this volume rests on the work of several individuals. Patricia Sutherland selected the artifacts for photography, organized the photographic images, wrote the associated captions, provided a concluding statement on Nunguvik and Saatut, and assembled the book. Jacques Cinq-Mars photographed the artifacts, and assembled the plates. Robert McGhee, with assistance from Roger Marois, edited Fr. Mary's original manuscript. Cornelius Nutarak contributed a drawing of a harpoon head from Saatut, and the associated information on his replication and use of the specimen. Through our joint efforts we hope that we have produced a useful record of Fr. Mary's archaeological legacy.

Table des matières

Liste des figures

Liste des tableaux

Liste des Planches

Préambule

Missionnaire et archéologue, les deux ne vont pas nécessairement ensemble. Cela semble d'ailleurs si insolite à certains que, lors de l'« Elders Conference » organisée en avril 1993 à Dartmouth College sur l'Histoire de l'Archéologie dans l'Arctique oriental, on me demanda de raconter comment j'étais devenu archéologue. Voici à peu près ce que j'ai répondu.

Mon intérêt pour l'archéologie préhistorique remonte au moins aux deux années que j'ai passées au Séminaire St Sulpice d'Issy-les-Moulineaux, où avaient étudié autrefois un préhistorien de renommée mondiale, l'abbé Breuil – que je devais rencontrer bien des années plus tard – ainsi que les abbés Bardon et Bouyssonie, découvreurs de la sépulture Néanderthalienne de la Chapell-aux-Saints.

Pourtant, lorsque j'arrivai au Canada en 1938, j'étais loin de me douter qu'un jour, je fouillerais la toundra habituellement gelée pour y trouver les traces de la préhistoire arctique. C'est en 1946, peu après mon arrivée à Igloolik, que je fus placé pour la première fois en présence d'un important site archéologique lorsque je passai l'été au camp d'Alarniq (Alarnerk), au sud d'Igloolik, en compagnie de bon nombre de familles qui y chassaient le morse. La plupart étaient apparentées à Ittuksarjuaq, celui que les blancs appelaient le « King ». Ce dernier était mort deux ans plus tôt, mais sa veuve, Monica Ataguttaaluk, la « Queen », était bien vivante et elle avait décidé de se charger de mon éducation. J'avais remarqué dès les premiers jours les traces rectangulaires laissées le long du rivage dans le gravier calcaire par les tentes equimaudes. Sur les plages soulevées en arrière du camp, elles étaient remplacées par des formes différentes, en général ovales ou rondes. Mais à partir du niveau de 7 ou 8 mètres, on retrouvait des empreintes rectangulaires.

Lorsque je demandai à Monica si ses ancêtres avaient autrefois vécu dans des tentes rectangulaires, elle me répondit sans hésiter : « Non, il ne s'agit pas de nos ancêtres mais de ceux qui ont vécu avant eux dans le pays, les *Tuniit* ». Quelques jours plus tard, je la vis fouiller avec quelques fillettes devant une de ces habitations rectangulaires. Le soir, elle m'apporta le résultat de ses découvertes et je vis tout de suite que ces pièces étaient très différentes de celles de la culture de Thulé qu'on m'avait montrées à Pond Inlet auparavant. Mais ce n'est que l'année suivante, lors du retour du père Bazin, que j'entendis parler de la culture de Dorset dont, quelques années auparavant, Graham Rowley avait fouillé le site d'Abverdjar.

Trois ans plus tard, en 1949, rencontrant André Leroi-Gourhan au Musée de l'Homme à Paris, je lui avais parlé du site d'Alarnerk et il avait encouragé mon intérêt pour la culture dorsétienne. Il avait même pensé un moment pouvoir se dégager d'une partie de ses obligations pour venir fouiller avec moi dans l'Arctique, mais les circonstances l'en empêchèrent et la découverte en 1951 de restes humains « plus anciens que le néan-

derthalien classique » l'obligea, me dit-il,
à rester en France.

J'avais eu depuis, en particulier à
Repulse Bay, l'occasion de visiter d'autres
sites dorsétiens, mais ce n'est qu'en 1954,
alors que j'étais à Churchill, que je reçus la
visite de Jørgen Meldgaard, en route vers
Igloolik. Lorsqu'il me dit son intention
d'étudier les sites dorsétiens, je lui parlai
naturellement d'Alarnerk et, à son invita-
tion, je me joignis à sa petite expédition.
C'est alors que j'eus ma première expé-
rience de fouilles archéologiques au cours
d'une saison qui fut d'ailleurs très fructueuse, non seulement à Alarnerk mais à
Kapuivik (Jens Munk). Quelques années
plus tard, après un séjour à l'Université de
Montréal, j'eus l'occasion de fouiller à Pelly
Bay et à Baker Lake. Mais c'est surtout
depuis que j'ai été envoyé à Pond Inlet, où
le ministère paroissial me laissait assez de
moments libres, que j'ai pu consacrer plus
de temps à la recherche archéologique,
explorant la plupart des sites de la région,
depuis le Prédorsétien ancien de Mittimatalik jusqu'au site mixte de Button Point.

C'est à l'automne 1965, alors que le sol
était déjà gelé, que je découvris le site de
Nunguvik et, deux ans plus tard, celui de
Saatut qui lui est étroitement associé. Ce
sont ces deux sites, ou plus précisément
Saatut et la partie dorsétienne de Nunguvik,
qui seront étudiés ici (pour la partie Thuléenne de Nunguvik, voir Mary-Rousselière
1979a). De 1967 à 1989, c'est presque
chaque année (19 en tout) que nous sommes
revenus à Nunguvik ou à Saatut pendant
plusieurs semaines.

Remerciements

En premier lieu, je tiens à remercier tous les
Inuit qui m'ont soit renseigné, soit aidé de
multiples façons dans mon travail, en parti-
culier : Lazarusi Qajaq qui, le premier,
m'amena à Nunguvik dans son bateau,
Asarmik Kipumi, qui a découvert Saatut,
Samueli Arnakallak qui me fit découvrir
le site auquel j'ai donné son nom, Juupi
Inuarak, ouvrier de la première heure,
Cornelius Nutarak, Jonathan Qilirti, Alain
Maktaq, Simon Anaviapik, Stephen Kunnaq,
Qaunnaq, Juili Inuk, Isapi Qanguq, Paniluk
Sangujak.

Également, tous ceux et celles, de l'extérieur, qui au cours de ces nombreuses années
m'ont aidé dans mes fouilles et dont je mentionne ici les noms. Il y a eu Leigh Brintnell,
Dr Michel, Beverley et Anne Brahic (cette
dernière n'avait pas un an lors de son séjour
à Nunguvik, mais je tiens cependant à la
mentionner, car son sourire contribua à
maintenir le moral de l'équipe au beau fixe
pendant tout son séjour). Également, Didier
Bertrand, Benson Bowditch, Jean Bracque-
mont, Madeleine Bélanger, Thomas Cadieux
(auteur du film tourné à Nunguvik, *Où sont
allés les Dorsétiens?*); Jean-François Chabot,
Monique Daniel, Martin Fournols, Richard
Geurts, Jean Louis de Gerlache, Henrianne,
François et Hélène de Gerlache, Georgia,
Clermont et Danièle Guay, Walter Hannak,
Johannes Heuft, Jonathan Heyland, Ed Jordan,
Sophie de Ligne, Jean-François Le Mouël,
Sarah Lord, Jacques Martin, Arnould
d'Oultremont, Louise Pettigrew, Jon Pedersen,
Susan Rowley, John, Colly, Susan et
Christopher Scullion, Karin Speck, Mary-Pat
Short, Carolyne Timberlake, Bernard Vezin.

Merci aussi aux institutions, agences gouvernementales et compagnies suivantes : le Conseil des Arts du Canada (devenu ensuite Conseil de Recherches en Sciences humaines) qui a subventionné mes travaux de 1969 à 1978 et a contribué en 1988 à l'achat de matériel informatique; le Projet d'Étude du Plateau Continental Polaire qui m'a fourni le transport par avion et hélicoptère chaque année depuis 1977; le Musée National du Canada (maintenant Musée canadien des civilisations) qui m'a accordé une contribution financière en 1974 et 1975, de même que le Prince of Wales Northern Heritage Centre de Yellowknife, en 1982 et 1983; les compagnies aériennes suivantes qui ont fourni des billets à prix réduit à mes adjoints : Nordair en 1975, 1983, 1984 et 1985; Firstair en 1985, 1987 et 1989 : Canadian International en 1987; Hermann et Sophie Steltner (Arctic Research Establishment) qui m'ont aidé de multiples façons, financièrement ou autrement depuis 1975, en particulier par la construction d'un abri permanent à Nunguvik en 1980.

Et, finalement, au risque d'en oublier, ma gratitude va également à tous ceux qui de diverses façons m'ont aidé au cours de ces années : J.D.Heyland (1969 et plus tard), Petro-Canada (1978), l'Explorers Club de New York (1983), Bell Canada (1983), Richard Popko (1986) et, enfin, le Hamlet Council de Pond Inlet qui m'a toujours accordé son soutien.

Introduction

On peut probablement placer le début de la recherche archéologique dans l'Arctique oriental en 1921, alors que la 5e Expédition de Thulé arriva dans la région de Repulse Bay et que Therkel Mathiassen, ayant commencé à fouiller les sites préhistoriques de la région, attribua à la culture qu'il découvrit le nom de « Culture de Thulé », à partir de certaines pièces caractéristiques qui avaient déja été trouvées à Comer's midden dans la région de Thulé.

Pourtant, avant même que le rapport de Mathiassen ait été publié en 1927, Diamond Jenness (1925) avait reçu de Cape Dorset une collection contenant non seulement des pièces thuléennes, mais des spécimens appartenant à une culture différente qu'il jugeait plus ancienne et qu'il nomma « culture de Cape Dorset », communément appelée depuis culture dorsétienne. Depuis lors, l'archéologie a fait beaucoup de progrès et la plupart des archéologues sont à peu près d'accord pour penser que la première migration paléo-esquimaude qui peupla l'arctique canadien provenait de la région du Détroit de Bering et partit vers l'est aux environs de 2500 av. J.-C. Favorisée par un climat beaucoup plus chaud que celui d'aujourd'hui, qui lui permit probablement de voyager souvent par mer, elle aboutit vers l'an 2 000 av. J.-C. à l'île d'Ellesmere et à la Terre de Peary, à l'extrême nord du Groenland. La culture originelle semble avoir été la culture de Denbigh (« Denbigh Flint Complex ») qui était porteuse de ce qu'on a appelé la « Tradition microlithique de l'arctique ».

Cette nouvelle culture des immigrants fut d'abord appelée à l'est Prédorsétien, mais cette antériorité lui fut disputée par la culture indépendancienne I identifiée par Eigil Knuth (1967). À Port Refuge, dans la partie nord-ouest de l'ile Devon, Robert McGhee (1979) a découvert des témoins de la culture indé-pendancienne qu'il considère comme plus ancienne, sur d'anciennes plages situées entre 20 et 25 m au dessus du niveau de la mer. Non loin de là, d'autres restes d'habitations situées à peu près au même niveau sont attribués à la culture prédorsétienne. La distinction entre les deux cultures n'est pas très évidente (peu de traces de la caractéris-tique axiale typique des habitations de Pearyland ont été trouvées) et la seule pièce qui semble indiquer une plus grande antiquité est une tête de harpon mâle trouvée dans une habitation indépendancienne I. Comme le fait remarquer Maxwell (1985 : 42-45), la datation au C_{14} variant dans certains cas selon la nature des échantillons utilisés et selon qu'ils proviennent ou non de la mer, une chrono-logie est difficile à établir et la correction d'Arundale (1981) lui permet d'obtenir des dates plus anciennes pour le Prédorsétien de la Terre de Baffin. Quoi qu'il en soit, on pourrait peut-être considérer l'Indépendancien I et le Prédorsétien comme deux branches de la même migration. Comme on le verra plus loin, ces problèmes de datation se posent aussi à Nunguvik et à Saatut.

La plupart des archéologues sont d'accord pour considérer la région du Bassin de Foxe et du Détroit d'Hudson comme le coeur ou le noyau (« core ») de la culture dorsétienne. Plusieurs s'accordent à penser que les 3 ou 4 derniers siècles qui précédèrent 500 av. J.-C. furent, pour l'outillage prédorsétien, une période d'évolution rapide qui s'effectua peut-être dans un contexte de changements climatiques également rapides (Maxwell 1985 : 121). C'est peu après cette période que commence l'histoire des Dorsétiens de Nunguvik.

Le cadre géographique

Géologie

Les sites archéologiques étudiés ici se trouvent dans la partie nord de l'île de Baffin, c'est-à-dire sur la bordure septentrionale du Bouclier canadien. Les géologues nous apprennent que, dans cette région, l'érosion a probablement réduit l'épaisseur de la croûte terrestre à environ 32 km, alors qu'elle atteignait de 60 à 70 km avant l'Aphébien, c'est-à-dire au Précambrien (Jackson et Morgan 1978). Plus précisément, ces sites sont situés sur la côte ouest de Navy Board Inlet, c'est-à-dire sur la partie orientale de la péninsule de Borden. Cette péninsule est constituée par un plateau d'une altitude moyenne de 700 à 800 m, dépassant même 1000 m à plusieurs endroits.

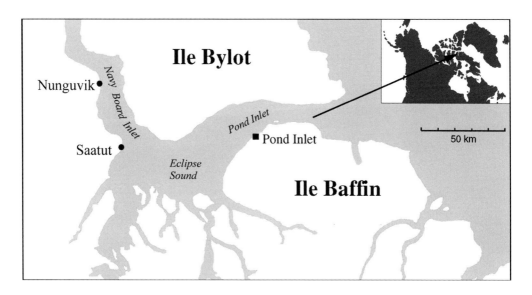

Figure 1 : Carte de la région de Pond Inlet.

Sa structure est assez complexe. Le sou-bassement pré-cambrien affleure en plusieurs points, et en particulier sur la côte ouest de Navy Board, sous la forme de gneiss avec des intrusions granitiques. La péninsule est traversée par de nombreuses failles et dykes généralement orientées du nord-ouest à sud-est.

Alors que la côte ouest de la péninsule est découpée par plusieurs fjords profonds et bordée d'impressionnantes falaises atteignant 600 m, au nord et à l'est la côte est en général rectiligne et basse, mais s'élève rapidement dans les terres. Plusieurs calottes glaciaires sont situées plus au Nord. L'une d'elles s'étend jusqu'à une quinzaine de kilomètres à peine du site de Nunguvik. Lors de la dernière avance de la glaciation du Wisconsinien, appelée dans le Nord phase de Cockburn, il y a 8 000 à 9 000 ans, la majeure partie de la Terre de Baffin était couverte de glace, de même que le golfe de Foxe et que la région du Keewatin au sud-ouest. Il y a 7 000 ans, la calotte glaciaire recouvrait encore la majeure partie de la grande île, alors qu'elle avait déjà disparu du Keewatin. Cependant, même au maximum de la phase de Cockburn, la pénin-sule de Borden, de même que le reste de la côte nord de Baffin, étaient déjà à peu près libres de glace, comme l'indiquent les nom-breuses moraines terminales qui ont été identifiées en ligne avec le fond des fjords situés au sud d'Eclipse Sound.

L'émersion de la croûte terrestre résultant de la déglaciation s'est produite plus ou moins rapidement selon les endroits. Sur la côte ouest de la Terre de Baffin, elle aurait d'abord été très rapide, atteignant 4 mètres par siècle, mais diminuant progressivement jusqu'à 0,50 m par siècle pour les 3 000 dernières années,

le changement de niveau eustatique ralentis-sant à peine le mouvement (Falconer *et al* : 1965). Au contraire, sur la côte est de l'île, l'émersion serait passée d'une moyenne de 0,8 m par siècle, entre 7 200 BP et 3 000 BP, à 0,3 m par siècle dans les 3 000 dernières années (Loken 1965 : 255). Pour la région qui nous concerne, la côte nord de Baffin, le mouvement semble avoir été encore plus lent. Tout se passe comme si l'île avait légèrement basculé vers le Nord-Est, la côte du golfe de Foxe se soulevant beaucoup plus rapidement que celle d'Eclipse Sound. Ce qui est certain, c'est que le Prédorsétien ancien qu'on trouve à 50 m d'altitude à Igloolik a été decouvert à 8 m seulement au dessus du niveau de la mer à Mittimatalik (Pond Inlet). À Nunguvik, le site le plus important de Navy Board Inlet, le niveau de la mer semble avoir très peu changé au cours des 2 000 dernières années. En conséquence, on n'y trouve pas de ces plages surélevées qui caractérisent la région d'Igloolik et qui fournissent de précieuses indications sur l'antiquité des sites. Autre résultat de cette situation : la fréquence relative de l'érosion côtière dont l'exemple le plus caractéristique est celui du site de Saatut.

Le climat

Les sites étudiés ici sont tous situés entre le 72° 43'N et le 73° 05'N sur la côte ouest de Navy Board Inlet. Peu de traces d'occupation ont été détectées sur la côte est du même bras de mer ainsi que dans sa partie nord. Cette situation peut s'expliquer en partie par les conditions climatiques qui caractérisent la région. Actuellement, ces conditions, tout en restant conformes aux caractéristiques géné-rales de l'Arctique oriental canadien, s'en distinguent sur certains points, particulièrement en ce qui concerne le régime des vents.

Alors que presque partout en hiver, de Churchill jusqu'au nord d'Igloolik, le vent dominant, froid, vient du nord-ouest, dans toute la région d'Eclipse Sound, les conditions varient localement. Au village de Pond Inlet, par exemple, en hiver le vent froid dominant vient du sud mais les tempêtes, très rares, soufflent en général parallèlement au rivage, soit du nord-est, soit du sud-ouest, alors que dans les fjords situés à l'ouest les conditions sont différentes. Eclipse Sound est situé entre deux couloirs montagneux, l'un, Navy Board Inlet, au nord-ouest, l'autre, Pond Inlet, à l'est. Il semble qu'en hiver comme en été, un appel d'air provoque fréquemment et simultanément des vents très violents, venant du nord-ouest dans la partie médiane de Navy Board, et de l'est dans la partie la plus étroite de Pond Inlet. On constate que le site paléo-esquimau de Nunguvik est situé à quelques kilomètres au sud de la zone éventée de Navy Board, tandis que le site paléo-esquimau de Mittimatalik est dans une situation analogue mais à l'ouest par rapport au corridor de Pond Inlet.

Une autre caractéristique importante de la région : de l'entrée nord de Navy Board Inlet à la sortie de Pond Inlet, la mer est entièrement gelée pendant la majeure partie de l'année, c'est-à-dire habituellement du début de novembre à la mi-juillet. Ce qui signifie que si l'on veut chasser le phoque au bord de la banquise, on doit aller à Button Point, à l'angle sud-est de l'île Bylot. On y a trouvé de nombreux vestiges des cultures paléo-esquimaudes et thuléenne et c'est un endroit encore très fréquenté de nos jours, en particulier au printemps. Pour des populations vivant sur la

côte de Navy Board Inlet, le même genre de chasse aurait été possible à l'entrée nord du bras de mer, mais les conditions semblent y avoir été nettement moins favorables.

La flore

Comme dans la plupart des endroits longtemps habités, la plus grande partie du site de Nunguvik est recouverte d'une végétation relativement abondante. Au début de juillet, le versant sud de la pointe rocheuse qui coupe le site en deux est habituellement couvert des fleurs jaunes du Pavot arctique (*Papaver radicatum*).

Parmi les plantes les plus importantes pour les autochtones, probablement dès l'occupation paléo-esquimaude, on peut noter :

- la Cassiope arctique (*Cassiope tetragona,* « qijuktaq ») qui servait aux Dorsétiens de matelas et de combustible,

- le saule arctique (*Salix arctica*, « uqpik ») qui semble avoir servi également comme matelas ou tapis de sol dans les maisons dorsétiennes

- l'oseille sauvage ou oxirie (*Oxyria digyna,* « qunguliq »), dont les propriétés antiscorbutiques sont bien connues;

- la camarine à fruits noirs (*Empetrum nigrum*, « paurngaq »)

- l'airelle des marais (*Vaccinium uliginosum*, « kigutangirnaq ») dont les fruits sucrés bleuâtres sont appréciés de tous.

Parmi les autres plantes identifiées, on peut aussi noter le *Melandrium affine*, la Potentille de Ledebour (*Potentilla ledebouriana*), la Dryade (*Dryas integrifolia*), la Silène acaule (*Silene acaulis*), le Céraiste (*Cerastium arvense*), la Stellaire à longs pédicelles (*Stellaria longipes*), la Saxifrage penchée (*Saxifraga cernua*) et l'Epilobe à feuilles larges (*Epilobium latifolium*).

La faune

Oiseaux

La région des sites paléoesquimaux de Navy Board est fréquentée par un grand nombre d'oiseaux. Les plus souvent observés sont les suivants :

- le Huart à gorge rousse (*Gavia stellata*);
- le Labbe parasite (*Stercorarius parasiticus*);
- le Labbe à longue queue (*Stercorarius longicaudus*);
- l'Oie des neiges (*Chen hyperborea*) avec qui se mêlent parfois quelques oies bleues (*Chen caerulscens*); elles nichent en assez grand nombre dans le delta de la rivière Mala et, parfois, à Nunguvik;
- le Canard kakawi ou Harelde de Miquelon (*Clangula hyemalis*);
- l'Eider remarquable ou à tête grise (*Somateria spectabilis*);
- le Bruant lapon (*Calcarius lapponicus*);
- le Bruant ou plectophane des neiges (*Plectrophenax nivalis*);
- le Pluvier doré (*Pluvialis dominica*), ainsi que quelques autres oiseaux de rivage non identifiés;
- le Corbeau (*Corvus corax*);
- le Goéland bourgmestre (*Larus hyperboreus*);

- la Sterne arctique (*Sterna paradisaea*), quelques dizaines qui arrivent chaque année vers le 10 juillet, et nichent au sud de Nunguvik;

Enfin, occasionnellement observés, on peut mentionner le Pétrel fulmar (*Fulmarus glacialis*), le Lagopède des rochers ou des Alpes (*Lagopus mutus*); le Faucon pélerin (*Falco peregrinus*), le Faucon gerfaut (*Falco rusticolus*), le Cygne siffleur (*Olor columbianus*) et le Harfang des neiges (*Nyctea scandiaca*).

Mammifères terrestres

Le caribou (*Rangifer tarandus,* « tuktuk ») beaucoup plus fréquent qu'autrefois au sud d'Eclipse Sound, est actuellement absent de la région côtière de Navy Board Inlet (le plus proche que nous ayons observé lors d'un vol en hélicoptère se trouvait à plus de 40 kilomètres au nord-ouest de Nunguvik). Cependant la tradition veut, qu'autrefois, il ait été abondant. À cet égard, Nallua, nom d'un ancien camp situé à quelques kilomètres au nord de Nunguvik, signifie : « endroit où les caribous traversaient à la nage ». Le grand nombre d'ossements de caribou découverts dans les fouilles confirme l'abondance du caribou aussi bien à l'époque thuléenne qu'à l'époque dorsétienne.

Le caribou ayant à peu près disparu, le loup (*Canis lupus*, « amaruq ») est devenu rare lui aussi (un individu a cependant été aperçu à Nunguvik vers 1970). Le renard blanc (*Alopex lagopus,* « tiriganiaq ») est indigène au pays et a été plusieurs fois observé (en particulier lors d'une attaque contre des oies blanches), alors que le renard rouge (*Vulpes vulpes*) est un immigrant arrivé dans le pays au début des années 1960.

Le boeuf musqué (*Ovibos moschatus*, « umingmak ») selon Banfield et la plupart des biologistes, n'aurait jamais habité la Terre de Baffin. Or deux crânes de boeufs musqués nous ont été signalés indépendamment par des Inuit à deux endroits différents de la péninsule de Borden et il est peu probables que des spécimens aussi lourds aient été apportés là depuis l'île Devon. De plus, des poils découverts dans les fouilles ont été identifié comme appartenant à l'*ovibos*. (voir Annexe I).

Le lièvre arctique (*Lepus arcticus*, « ukaliq ») n'a pas été observé en été, mais les traces qu'il laisse montrent qu'il fréquente la côte en hiver. Le lemming variable (*Dicrostonyx groenlandicus*, « avingaq »), habite la région, se multipliant en très grand nombre pour disparaitre ensuite à peu près complètement selon un cycle d'environ quatre ans. Ses terriers sont particulièrement nombreux dans les anciennes huttes thuléennes ainsi que dans les habitations dorsétiennes. L'hermine (*Mustela erminea*, « tiriaq »), est observée presque chaque année à Nunguvik où elle arrive assez souvent en août.

L'ours blanc (*Ursus maritimus*, « nanuk ») fréquente toute la région de Navy Board Inlet. Tant que la glace recouvre la mer, c'est-à-dire, habituellement jusque vers le début d'août, il est rare qu'un Esquimau muni d'une bonne longue-vue ne puisse en découvrir un au loin sur la banquise. Lorsque la glace a à peu près disparu, l'ours va à terre et suit généralement la côte à la recherche d'une carcasse échouée sur la grève. Presque chaque année, nous avons reçu leur visite à Nunguvik.

Mammifères marins

Le phoque marbré (*Pusa hispida*, « natsiq ») est encore aujourd'hui le gibier le plus habituellement chassé en mer dans toute la région de Pond Inlet. Beaucoup plus rare est le phoque du Groenland (*Pagophilus groenlandicus*, « qairulik »), qui, au cours de sa migration annuelle, apparait quelquefois en groupe à la fin de l'été. Le phoque barbu (*Erignathus barbatus*, « ugjuk »), autrefois très recherché pour sa peau qui servait à faire les cordes, est plus rare, même s'il est encore chassé dans la région. Le phoque à capuchon (*Crystophera cristata*, « aapak ») est connu, mais assez rare.

Le morse (*Odobenus rosmarus*, « aiviq ») assez souvent chassé dans la partie nord de Navy Board Inlet est plus rare dans le sud. Le narval (*Monodon monoceros*, « qilalugaq (tugalik) ») est commun dans toute la région. Arrivé tôt dans Lancaster Sound, à l'entrée de Navy Board Inlet, dès que la banquise commence à se fragmenter, il se dirige d'abord vers le sud et arrive généralement dans la partie sud du bras de mer dans la seconde moitié de juillet. La chasse au narval était généralement très fructueuse dans cette région, ce qui n'était pas le cas avec le bélouga (*Delphinapterus leuca* « qilalugaq ») qui y est beaucoup plus rare.

La baleine franche (*Balaena mysticetus*, « arviq »), autrefois commune dans la région, comme le prouvent les nombreux ossements qu'on y trouve, n'y fait plus que de rares apparitions.

L'épaulard ou orque (*Orcinus orca*, « arluk ») revient presque chaque année dans les eaux de Milne Inlet et de Navy Board

Inlet, chassant vers le rivage, par sa seule présence, de nombreux phoques et facilitant ainsi la chasse des Inuit.

Poissons

Le poisson de loin le plus important appartient à une espèce anadrome, l'omble chevalier ou arctique (*Salvelinus alpinus,* « iqaluk »). Il est particulièrement abondant et de belle taille dans la rivière de Saatut et les débris cartilagineux trouvés à Nunguvik montrent qu'il était consommé par les Dorsétiens. L'omble fréquente aussi les lacs traversés par la Salmon River où l'on trouve également un poisson de belle taille et de couleur rougeâtre qui lui semble apparenté et que les Inuit appellent « ivisaruq ». Peut-être s'agit-il de l'omble rouge. Ce dernier reste habituellement en eau douce, mais il arrive que certains descendent à la mer. Les vieux Esquimaux racontent que, jaloux de voir leurs cousins, les ombles chevaliers revenir bien-gras de la mer, ils tentent parfois leur chance eux aussi, mais semblent préférer les eaux

douces à l'embouchure des ruisseaux. Enfin, on trouve aussi dans certains lacs une petite truite tachetée ou mouchetée appelee « nutilliq » qui n'a pas grande importance dans le région.

La morue (*Arctogadus glacialis,* « uugaq ») fréquente les eaux locales mais n'est pas très exploitée par les Inuit. Selon eux, les narvals et bélougas en font une grande consommation. On trouve un peu partout le chaboisseau arctique (*Mioxoce-phalus scorpioides,* « kanajuq ») ou l'un de ses nombreux cousins, que les enfants attrapaient facilement mais qui n'a jamais dû tenir une place très importante dans l'alimentation. Le flétan du Groenland (*Reinhardtius hippo-glossoides*) a été identifié à Pond Inlet mais ne semble pas avoir été exploité Le requin, « iqalugjuaq », qui fréquente les eaux de la région, ne semble pas avoir jamais eu aucune importance économique. Il se tient habituellement en profondeur et on ne le voit guère que lorsqu'il vient dévorer les carcasses de narvals ou de phoques laissées près du rivage.

Typologie de base

Très peu d'ouvrages de langue française ont traité jusqu'à présent de l'archéologie arctique. Il n'est donc pas inutile de préciser le sens des termes employés, en particulier pour les témoins lithiques, en indiquant leur équivalent dans la littérature de langue anglaise.

Nous nous en tiendrons ici à une terminologie très simplifiée, quitte à préciser, à l'occasion, les caractéristiques de certaines pièces. Une classification peut être établie selon des critères fonctionnels, morphologiques ou techniques. Une classsification fonctionnelle est généralement employée dans la description des outils utilisés de nos jours, car pour la grande majorité d'entre eux la forme même indique la fonction. Il n'en est pas toujours ainsi pour l'outillage pré-historique, car un même outil peut avoir eu différents usages, comme le montre souvent une observation attentive.

Les limites d'une classification morphologique sont encore plus évidentes. Comme le fait remarquer Leroi-Gourhan (1964: 15), « les réaffûtages successifs d'un outil peuvent modifier profondément sa forme et conduire à des séparations typologiques non significatives.» Brézillon, qui le cite (1977: 26), précise: « un tranchant convexe a de fortes chances de devenir, par suite de supression de matière au cours de plusieurs retouches, rectiligne puis concave.»

Autre constatation qui nous a porté à éviter des termes trop précis, aussi bien morphologiquement que fonctionnellement, c'est la découverte dans certains sites comme Nunguvik, d'outils en position dans des manches ou hampes en bois, indiquant par là même à quel usage ils étaient destinés. Par exemple, des pièces que certains appellent « pointes de projectiles » se sont révélées être des « couteaux ». Il nous a souvent paru plus simple d'appeler *lames* les unes et les autres, sauf dans certains cas signalés plus loin, et quitte à préciser ensuite leurs caractéristiques.

Avant toute description, précisons pour éviter toute confusion (les archéologues n'employant pas toujours les mêmes termes dans le même sens) que, en ce qui concerne les pièces en silex, quartz ou quartzite, nous appelons *revers* la face bulbaire de toute pièce (face ventrale ou inférieure) et *avers*, la face opposée (face dorsale ou supérieure). Par contre, dans le cas des têtes de harpon, la face ventrale ou supérieure est celle qui se trouve du côté de la ligne de harpon lorsque le gibier est harponné; la face opposée étant la face dorsale ou inférieure. Les côtés gauche et droit d'une tête de harpon sont ceux de la pièce posée sur la face inférieure, la pointe en haut. Nous suivons ici la terminologie de Leroi-Gourhan (1946). Enfin, pour ce qui est la présentation typologique des têtes de harpon dorsétiennes, nous avons choisi de suivre la typologie de Meldgaard (communication personnelle)

Les *lames* (blades) dorsétiennes de Nunguvik et de Saatut sont des pièces dont le tranchant est obtenu par des retouches bifaciales. On distingue parmi elles:

- les lames triangulaires (triangular blades), qu'on trouve souvent en place sur les têtes de harpon et que nous appellerons *pointes triangulaires*, leur utilisation comme armatures distales étant incontestable. Elles sont parfois finement denticulées. Parmi elles, les *pointes à double cannelure distale* (tipfluted end blades), caractéristiques du dorsétien ancien, sont présentes à Nunguvik;

- les *lames à encoches* (notched blades), symétriques ou asymétriquess et dont la partie distale peut être arrondie ou en pointe. Les encoches sont presque toujours bilatérales et parfois doubles. On trouve souvent ces lames emmanchées comme couteaux. La plupart sont en silex, mais les spécimens en ardoise polie, souvent à encoches doubles, sont fréquents au Dorsétien ancien. Notons qu'une forme très rare de lame à encoches en ardoise polie présente une partie distale large et arrondie. Le manche très court avec lequel on la trouve, parfois, montre qu'elle était utilisée comme l'ulu traditionnel esquimau;

- les *lames à pédoncule* (stemmed blades) presque toujours symétriques et pointues, parfois à bords denticulés. Elles semblent avoir été utilisées à Nunguvik comme pointes de lances. Notons, aussi, que de faibles encoches bilatérales sont parfois visibles sur certains pédoncules de Nunguvik;

- les *armatures latérales* (side blades), ainsi appelées parce qu'elles sont supposées prendre place dans les fentes latérales des têtes de lance en os ou en ivoire. Peu nombreuses à Nunguvik, elles ont généralement une forme se rapprochant de l'ovale;

- les *lames lancéolées* (lanceolate blades) sont rares à Nunguvik, beaucoup plus fréquentes au site prédorsétien d'Arnakadlak;

Les *microlames* (microblades), caractéristiques de l'industrie paléoesquimaude, sont des lamelles provenant généralement d'un nucléus prismatique

Le *grattoir* (end scraper) est en général unifacialement travaillé, au moins sur le bord fonctionnel, car il arrive que la face bulbaire soit légèrement retouchée afin amincir la pièce. La forme peut être triangulaire, trapézoide, ovale, ronde, à bord évasé ou oblique;

Le *racloir* (side scraper) ne se distingue souvent de la lame à encoches asymétrique que par son bord fonctionnel retouché unifacialement. L'autre bord, biface, a parfois été utilisé comme couteau. L'angle formé par le bord fonctionnel et l'axe longitudinal de la pièce (calculé comme perpendiculaire à une ligne passant par le milieu des deux encoches) varie habituellement entre 15 et 50 degrés;

Le *burin* est caractérisé par le biseau produit par l'enlèvement d'un mince éclat (*chute de burin*) au moyen du « *coup de burin* ». La plupart des burins sont unifacialement retouchés mais, à Nunguvik comme au site proche d'Arnakadlak, on trouve toutes sortes de burins de formes variées, sur lames ou sur éclats, dont la seule caractéristique est le biseau fonctionnel. On trouve aussi quelques rares exemples de burin double. Un genre de burin présent au Prédorsétien d'Arnakadlak, mais qui semble avoir perduré jusqu'au Dorsétien ancien, puisqu'on le trouve également à Nunguvik, est de format réduit, d'où le nom de « *mini-burin* » que nous lui avons donné.

L'examen au binoculaire montre que nombre de burins ont également été utilisés comme racloirs.

Le *simili-burin* (burin-like tool) est la pièce la plus caractéristique du Dorsétien. Du burin il ne possède guère que le chanfrein qui, dans ce cas est obtenu par polissage. Les deux faces sont parfois entièrement polies. Ce qu'on pourrait appeler le simili-burin « classique » est de forme à peu près rectangulaire et possède habituellement une encoche ou un cran en dessous du chanfrein. Le bord distal est le plus souvent également poli tandis que le bord opposé au chanfrein montre généralement un polissage partiel. L'angle fonctionnel est dans la plupart des cas supérieur à 45 degrés. Le simili-burin angulaire (« Iglulik angular » de Meldgaard) diffère du précédent en ce qu'il ne possède pas d'encoche et que son angle fonctionnel, habituellement égal ou inférieur à 45 degrés est beaucoup plus proche de l'axe de la pièce. Meldgaard (communication personnelle) l'associe au creusage de la logette fermée des têtes de harpon dorsétiennes. On verra plus loin (dans la section traitant de Nunguvik – N73) que la fonction exacte du simili-burin est discutable, certains d'entre eux semblant fonctionner plutôt comme rabots que comme burins. Notons que ce genre de burin a également été appelé, indépendamment, mini-burin par Melgaard qui l'a trouvé dans la région d'Igloolik. Henry Collins (1956) le nomme « micro-burin ».

Le site de Nunguvik

Le site de Nunguvik (PgHb-l) est situé à 73° 01' 30" N – 80° 38' O, sur la côte ouest de Navy Board Inlet. Nunguvik signifie « l'endroit de la fin » ou, encore, « l'endroit où cela finit », par allusion à une tradition locale selon laquelle les anciens habitants du lieu seraient tous morts à la suite d'une malédiction lancée par une vieille femme.

Le site archéologique s'étend sur à peu près 1 km le long de la côte, au nord et au sud d'une petite pointe rocheuse, et contient les ruines de plus de 80 habitations dont un peu plus de la moitié sont des huttes thuléennes. Ce sont ces dernières qui étaient connues de la population locale et que Mathiassen avait signalées, sans les avoir vues, dans sa description des sites archéologiques de la région (Mathiassen 1927 : 199,203). En fait, les huttes thuléennes étant beaucoup plus visibles que les maisons dorsétiennes, les Esquimaux n'avaient guère porté attention à ces dernières dont plusieurs étaient d'ailleurs partiellement ou complètement recouvertes par les vestiges thuléens. Par contre, certaines huttes avaient été partiellement fouillées et l'un de mes premiers compagnons me raconta qu'il avait autrefois utilisé une marmite en stéatite trouvée à Nunguvik. On pouvait voir aussi un certain nombre d'emplacements de tentes et de caches à provisions, ainsi que quelques sépultures.

Il semble que les premiers habitants, les Dorsétiens anciens, s'étaient installés face au sud-est, sur une corniche parallèle au rivage et située à 11 m d'altitude. Leurs descendants s'établirent progressivement plus près du rivage, surtout vers le nord, de telle sorte que les maisons dorsétiennes les plus récentes, mais aussi certaines plus anciennes se trouvent tout près de la mer. En fait, ce qui ressort de plusieurs années de fouilles c'est que le niveau de la mer n'a pas changé de plus de quelques centimètres depuis 2000 ans et qu'on peut s'attendre à trouver des vestiges du Dorsétien ancien au bord de la mer. Les premiers arrivants thuléens choisirent le même emplacement que les premiers Dorsétiens, y trouvant suffisamment de tourbe pour construire leurs huttes, tandis que leurs successeurs étendirent progressivement leur occupation vers le ruisseau situé au sud et qui fournissait l'eau en été. Mais là encore, on trouve quelques vestiges dorsétiens. Autant dire que pour le Dorsétien de la région, contrairement à celui d'Igloolik, la situation au dessus du niveau de la mer ne fournit aucune indication valable sur l'antiquité des sites.

Il semble bien que la croyance traditionnelle en une malédiction ait effectivement empêché depuis plusieurs générations la population esquimaude de s'installer à Nunguvik, car on n'y trouve pas de traces d'occupations récentes, ni de contacts avec les Blancs. C'est à environ 1 km au nord que se trouvent quelques huttes construites vers le début du siècle et dont j'ai connu quelques occupants. C'est à environ 5 km plus au nord, à Nallua, que se trouvait, jusqu'au début des années 1970, le camp le plus important de la région. Nallua signifie « l'endroit où les caribous traversent à la nage ». Or, depuis près d'un siècle, les caribous sont assez rares dans

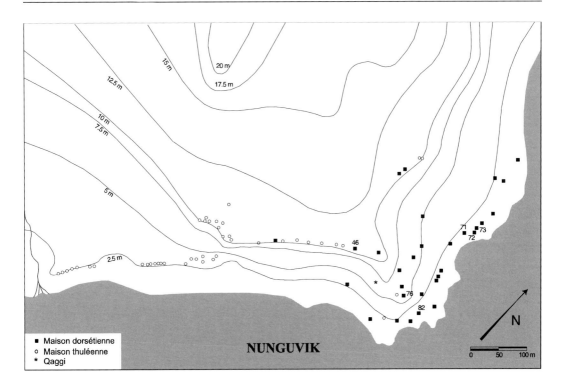

Figure 2 : Carte du site de Nunguvik

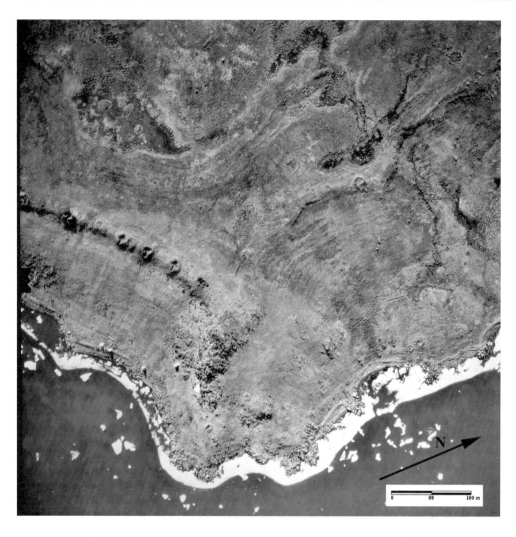

Figure 3 : Photographie aérienne du site de Nunguvik (PgHb-1).

la région. C'est seulement lorsque l'on fouille que l'on se rend compte que les caribous ont dû être très nombreux dans le pays. Quelques rares vestiges de Dorsétien y ont également été trouvés. Enfin, il faut remarquer que Nunguvik est généralement moins exposé aux vents que Nallua, ce qui explique probablement la préférence des Dorsétiens pour Nunguvik. La plus haute marée enregistrée à Nunguvik était de l,78m.

Lorsqu'on me conduisit pour la première fois à ce site en 1965, il était traversé par un réseau de sentiers venant du camp de Nallua et l'on ne manqua pas de me montrer, à un peu plus d'un kilomètre au nord du site,

les traces de « Tuniit », ces gens qui, selon la tradition, précédèrent les ancêtres des Inuits et qu'on identifie généralement aux Dorsétiens. Si l'on en croit la légende, ces traces, visibles dans la mousse de chaque côté d'un étroit sentier, auraient été laissées par un « Tuniq » qui, portant un morse sur son dos, aurait titubé sous le poids du gibier. Ces traces, probablement laissées originellement dans la mousse partiellement gelée à l'automne, semblent avoir été entretenues depuis des générations par ceux qui passaient sur le sentier. Leur présence à proximité d'un important site dorsétien est significative.

Figure 4 : Les maisons 71 (gauche) et 73 (droit) à Nunguvik. Photographe Patricia Sutherland.

La maison 46 à Nunguvik (N46)

Cette habitation est située dans la partie centrale du site, au niveau de 11 m, à l'extrémité nord de la corniche mentionnée plus haut. Elle se présentait en 1965 sous la forme d'une dépression rectangulaire de 5 m sur 4,50 m. C'est cette forme qui m'incita alors à y faire un premier sondage, alors que la surface du sol était déjà en partie gelée. La découverte d'un burin m'encouragea à en entreprendre des fouilles dans les années qui suivirent. Une superficie de 52 m² y a été fouillée ainsi que 3 m² en contrebas dans les débris de cuisine.

Sous la mousse et la maigre végétation, la couche archéologique variait entre 10 et 25 cm d'épaisseur, atteignant exceptionnellement 35 cm, et consistait en un mélange variable de tourbe et de terre noire sans claire stratification. Les os semblent avoir été assez abondants mais beaucoup se sont désintégrés de même que la plupart des autres pièces en matière organique. Celles qui ont pu être récupérées se trouvaient pour la plupart sous le bourrelet ou mur du fond, protégées par le pergélisol.

ANALYSE DES VESTIGES

Témoins lithiques

Pointes triangulaires (47)

Les pointes triangulaires sont au nombre de 47. Elles se présentent comme suit : pointes triangulaires à base concave (26), dont deux sont denticulées, deux sont partiellement polies et une est denticulée et polie; pointes triangulaires à base rectiligne (7); pointes à double cannelure distale (13) dont une est denticulée et une partiellement polie, ainsi qu'une pointe à une cannelure distale. Notons qu'un triangle de cannelure a également été trouvé.

Lames à encoches bilatérales (68)

Ces lames à encoches se divisent en : 43 lames symétriques et 17 lames asymétriques; de plus on compte trois lames à larges encoches bilatérales, deux lames à doubles encoches bilatérales, dont une en quartzite, deux lames à encoches bilatérales en « queue de poisson », du genre illustré par Arnold pour le site Lagoon (Arnold 1981 : P1.11h) et une lame à triples encoches bilatérales.

Autres lames bifaciales (19)

Parmi ces autres lames bifaciales découvertes, on peut signaler : une lame à pédoncule; 12 armatures latérales, dont quatre triangulaires et trois ovales; une lame à tranchant distal en forme d'ulu; une lame ovoïde avec traces de polissage; une petite lame lancéolée à encoches; et enfin, trois petites lames lancéolées à base concave

Microlames et fragments de microlames (1082)

Grattoirs (42)

Dans cette série on compte : deux grattoirs unguiformes, quatre évasés, quatre à épaulement bilatéral, sept rectangulaires, deux triangulaires, un triangulaire allongé, trois asymétriques, quatre obliques, neuf obliques à encoches, un oblique à coin saillant, un étroit, un irrégulier, un à pédoncule (brisé), un quadrangulaire avec traces de polissage bifaciales, enfin 1 grattoir arrondi à pédoncule dont les bords sont polis et qui a pu servir d'assouplissoir.

Racloirs (36)

Ces racloirs se divisent comme suit : dix à bord concave, quatre à bord convexe, seize à bord rectiligne, un racloir rectiligne sans encoches, quatre bases de racloir à encoches et un racloir à encoches brisé puis retouché distalement.

Grattoirs-racloirs (6)

Ces grattoirs-racloirs polyvalents portent des signes d'utilisation sur leurs bords distaux et latéraux. Ils comprennent : un grattoir-racloir à bout ovale, un crénelé, un à encoches, un à encoches et à bec, un à encoches et à « museau » et un à encoches et arrondi.

Pièces à bord distal mousse (5)

Ces pièces, la plupart du temps des bifaces à encoches, dont la plupart ont peut-être commencé leur carrière comme lames à encoches, ont le bord distal arrondi et poli par usage.

Nucléus (17)

Sur les 17 nucléus, on compte trois nucléus polyèdriques, un en forme de langue, un en forme de coin et 7 fragments.

Pièces en ardoise (73)

On trouve d'abord à N46, l'assortiment habituel de lames à encoches en ardoise : deux lames polies à encoches bilatérales, une lame polie à doubles encoches bilatérales, huit parties distales de lames polies, trois bases de lames polies à encoches bilatérales, cinq bases de lames polies à doubles encoches bilatérales, dont une a pu être une base de simili-burin. On trouve aussi 45 fragments de lames polies et six fragments d'ardoise coupée. Mais les pièces les plus intéressantes sont des lames entièrement polies du genre « ulu », mais à base étroite. L'une de ces pièces à tranchant distal possède deux paires d'encoches et est presque identique à une lame trouvée plus tard à N73 avec son manche en bois. La seconde pièce est à peu près semblable, mais n'a pas d'encoches. Une troisième pièce du même genre est une lame spatulée à bout coupant, un peu moins large que les deux précédentes, et qui reposait sur les restes d'une mince pièce de bois de même forme (peut-être partie d'un étui).

Simili-burins (31)

Les 31 simili-burins de N46 peuvent être classés en cinq catégories : les simili-burins d'axe à bout étroit et angle fonctionnel aigu (« Igloolik angular ») dont on a quatre spécimens et quatre fragments distaux; les simili-burins à cran, à angle fonctionnel obtus ou droit; on en a onze spécimens complets et deux extrémités distales; les simili-burins à deux encoches et à angle fonctionnel obtus ou droit : trois spécimens complets ont été trouvés; les simili-burins larges et minces à deux encoches et à angle fonctionnel obtus ou droit, dont trois exemplaires sont complets et deux fragmentaires; les simili-burins à cran, longs, étroits, épais à angle aigu, dont on possède deux exemplaires.

Burins (189)

Les 189 burins trouvés à N46 représentent un nombre surprenant pour un site dorsétien même quand on le compare à d'autres sites d'âge analogue fouillés par Maxwell (1973) dans la région de Lake Harbour. Trente-deux de ces objets sont fragmentaires et les 157 autres se divisent de la façon suivante : 151 burins simples, cinq burins doubles alternes et un burin double bilatéral. Si l'on se réfère à la classification de Noone (1934), on compte 67 burins à lamelles (« spalled ») et 75 à retouches (« scaled »); 121 sont à encoches bilatérales, onze sur éclats et 41 sont déjetés du côté opposé au bord fonctionnel.

La plupart de ces outils présentent des signes d'utilisation (raclage) sur le bord d'enlèvement ou sur le bord opposé. Si quelques pièces portent sur la face ventrale (bulbaire) quelques signes de frottement probablement dû à leur utilisation comme rabots, on ne peut cependant les considérer comme des burins polis. Certains semblent avoir servi à rainurer, d'autres, à bec plus étroit, à graver. Le bord distal est parfois poli par l'usage. Dans la grande majorité des cas, le coup de burin, porté obliquement par rapport au plan du burin, produit sur la face ventrale un bord à angle obtus, correspondant sur la face opposée à un angle aigu. On constate que ce bord d'enlèvement à angle aigu a permis l'utilisation fréquente de la pièce comme racloir.

Une particularité des burins de N46, et aussi au site tout proche d'Arnakadlak, est la présence d'une certaine quantité de pièces de format réduit qui sont également présentes au site T1 sur l'île Southampton, où Collins les appelle « microburins » (Collins 1956 : 103, Figs. 16 à 20). Jørgen Meldgaard et moi-même les avons indépendamment appelés « miniburins » pour les distinguer des micro-burins Européens, qui sont des objets entière-ment différents. Meldgaard (communication personelle) en a trouvé dans trois niveaux du site Jens Munk (Kapuivik) datés de 1200 à 1000 av. J.-C. Le plus petit burin de la collection de Collins (1956) mesure 12 sur 4,5 mm, le plus grand 17 sur 8 mm. Si l'on additionne les deux dimensions de ce dernier, on pourrait donc fixer la limite supérieure des miniburins aux dimensions combinées de 25. Dans la collection de N46, un total de 44 pièces sont comprises dans ces limites. La plus petite mesure seulement 7 sur 7 mm, mais possède toutes les caractéristiques d'un burin, y compris une encoche abrasée.

La présence de ces mini-burins au site prédorsétien d'Arnakadlak, situé à environ 3 km et que sépare de N46 un bon millier d'années, paraît surprenante. Parmi les burins découverts au site Indépendencien I de Port Refuge et illustrés par McGhee, un seul a les dimensions suffisantes pour rentrer dans cette catégorie (McGhee 1979 : 139, Pl.2w). Il provient du site Upper Beaches, Feature 12, daté de 4120±120 A.A.

Aucun manche de burin n'a été découvert à N46. Il est probable que ces manches res-semblaient pour la plupart à ceux que Maxwell a trouvés au site de Tanfield (Maxwell 1973 : 234, Fig. 59D et E), puisque la plupart des burins de ce site étaient à encoches bilaté-rales. Les manches à simili-burins à support dorsal, fréquents dans les habitations plus récentes de Nunguvik n'auraient pu être utilisés que dans des cas assez rares.

Chutes de burin (122)

Un total de 122 chutes de burin ont été décou-vertes à N46. De ce nombre 20 sont primaires et 102 secondaires. 54 portent des traces de retouches et 98 des traces d'utilisation.

Pièces en quartz (79)

Le quartz semble avoir été plus souvent utilisé au Dorsétien ancien de Nunguvik que dans les sites postérieurs du même endroit. Parmi les 79 pièces recensées, on note : une pointe triangulaire à base concave, un bout de lame biface asymétrique, une petite lame ovoïde, deux grattoirs irréguliers, deux nucléus à microlames, trois autres nucléus, trois perçoirs, quatre microlames retouchées, 18 autres microlames ou fragments, un fragment de biface et 43 éclats retouchés.

Stéatite (23)

Cette série comprend : un fragment plat de récipient à bords droits comportant des traces de trous, un fragment de récipient angulaire, neuf fragments de bords arrondis de récipients, sept autres fragments de récipients et cinq fragments de « miqusaq » (genre de stéatite).

Objets lithiques divers (5)

Ces 5 pièces consistent en deux perçoirs en silex, dont un sur biface et l'autre sur éclat, un fragment poli de lame d'herminette, un long aiguisoir-polissoir mesurant 221 mm et un aiguisoir-polissoir trièdre avec rainure sur le côté.

Pièces en os, ivoire et andouiller

Têtes de harpon (10)

Ici, comme dans les sections ultérieures, la typologie utilisée pour caractériser les têtes de harpon ainsi que les préhampes de harpon est, à quelques exceptions près, celle de Meldgaard (communication personnelle). Ces têtes ou fragments de têtes de harpon se répartissent comme suit : deux, en ivoire, (Planche 7e) appartiennent au type A21 (« Tyara pointed » de Taylor (1968)); un, en ivoire et à pointe abimée appartient au type A22; un autre, en ivoire, est du type E12 ou E13 (« Tyara

sliced » de Taylor); deux, fragmentaires, sont aussi du type E, en ivoire de narval; et enfin, un est du type Db9. Ont été également trouvés une base (« sliced ») coupée, un fragment avec trou de réparation et un fragment en andouiller.

Têtes de harpon barbelés (2)

Les deux pièces de ce type consistent en l'extrémité d'un harpon à trois barbes asymétriques ainsi que la pointe d'une tête analogue.

Préhampes de harpons (4)

Les quatre pièces découvertes sont : un spécimen à extrémité distale brisée en ivoire de narval du type E3 de Meldgaard; la base d'une pièce en os de caribou du type E2; une pièce en ivoire à deux paires d'encoches avec bout brisé, de type A; une pièce de type E2 à double paire d'encoches et à bout aiguisé (du type « foreshaft or knife » de Meldgaard).

Aiguilles (2) & côtes préparées (2)

Seulement deux aiguilles ont été trouvées; toutes deux sont à tête pointue. Deux côtes de caribou coupées longitudinalement montrent que dès cette époque les Dorsétiens de Nunguvik fabriquaient leurs aiguilles à partir de côtes de caribou. Une aiguille à deux pointes recourbées a probablement été utilisée comme hameçon à mouettes.

Percuteurs (8)

Des huit percuteurs, quatre sont en os de pénis de phoque, deux sont en radiocubitus de caribou et un est en andouiller.

Semelles de patins (5)

Les cinq morceaux de semelles de patins qui ont été trouvées sont du type à perforations et rainures centrales. Une est également perforée sur les côté. Toutes sont en ivoire de narval.

Poinçons (2)

Ces deux objets sont en andouiller

Couteaux à neige (3)

Aucun couteau à neige complet n'a été trouvé, mais seulement trois fragments possibles dont un en os et un en andouiller. Une autre pièce en os de baleine est probablement un couteau ou battoir à neige.

Divers (69)

Parmi les diverse pièces également trouvées à N46 on remarque : une moitié de lunette à neige en ivoire de narval, découverte à 5 cm de la surface et dont l'origine est potentiellement thuléenne; une base d'instrument en métatarse de caribou (voir N73); une pièce façonnée en os dense (coin ?); une pièce quadrangulaire en os mince, perforée et ornée sur chaque face d'un motif cruciforme à cinq branches (Planche 20h); un morceau de crâne de caribou avec bois coupés symétriquement et qui a peut-être servi à des fins utilitaires ou rituelles; un fragment de support de simili-burin; une petite pièce en ivoire, de section carrée et à rainure circulaire; quatre pièces non identifiées,et, enfin, 58 fragments divers en os ou en ivoire.

Soulignons que la présence d'un instrument en métatarse de caribou et de deux pièces en radiocubitus à N46, montre que les pièces caractéristiques de l'industrie de l'os de caribou qui devait se développer plus tard étaient déjà présentes à cette époque.

Pièces en bois (6)

La profondeur généralement réduite de la couche archéologique à N46 n'a permis la conservation dans le pergélisol que d'une partie minime du matériel ligneux. En voici les principaux éléments : un petit modèle de tête de harpon à morse; un petit phoque sculpté; un petit manche plat à logette ouverte pour microlame; un petit manche à microlame ou à chute de burin; une extrémité d'objet à encoches bilatérales; et un morceau de manche plat à bout étroit.

On peut y ajouter un certain nombre de pièces diverses : bâtonnets, baguettes, morceaux biseautés et fragments de tailles variées.

OSSEMENTS

Le pourcentage des ossements trouvés dans la maison et dans les déchets de cuisine montre l'importance respective des animaux chassés :

Animaux	%
Caribou	54,6
Phoque	20,5
Morse	12,2
Phoque barbu	5,8
Narval	4,4
Lièvre	1,4
Oiseaux	0,7

Tableau 1 : Ossements des animaux trouvés dans la maison N46.

Un certain nombre de morceaux de fanon de baleine ont également été trouvés. On remarquera que, dès le début de l'occupation de Nunguvik par les Dorsétiens, l'importance du caribou est prédominante. Cependant les pourcentages de débris osseux ne traduisent pas toujours l'importance d'un animal comme source de nourriture. On peut penser en effet que, comme leurs successeurs les Inuits, les Dorsétiens mangeaient surtout la peau de narval et laissaient le reste de l'animal au bord du rivage.

CHRONOLOGIE

Nous avons obtenu, pour N46, quatre datations au radiocarbone. La première de ces datations est très probablement trop ancienne mais, établie à partir d'un échantillon d'os de mammifères marins, on peut la réduire de 400 ans, selon la correction proposée par McGhee et Tuck (1976 : 8). L'âge ainsi obtenue (465

av. J.-C.) paraît satisfaisant et s'accorde bien avec celui de 450 av. J.C. La datation de 10 av. J.C. est probablement trop récente. Quant à celle de 590 de notre ère provenant d'un échantillon trouvé hors de la maison, on peut la rejeter. Nous reviendrons sur la question de la chronologie du Dorsétien ancien lorsque nous discuterons de N76.

La présence à N46 de nombreux « miniburins » semblables à ceux du site prédorsétien voisin d'Arnakadlak pouvait faire soupçonner que les Dorsétiens s'étaient installés à un endroit autrefois occupé par des Prédorsétiens. Les fouilles effectuées dans la région environnante n'ont pas confirmé cette possibilité.

No. de lab.	Matériau daté	Contexte	Âge normalisé
S-672	os carbonisés, mammifères marins	-20 –35 cm	2815±80
S-880	os de caribou	-20 –35 cm	1960±90
S-1207	os de caribou	-20 cm derrière maison	1360±65
S-1613	os de caribou	débris de cuisine	2400±55

Tableau 2 : Datations par le radiocarbone obtenues de la maison N46.

La maison 76 à Nunguvik (N76)

Ce fond d'habitation se trouve à environ 110 m à l'est de N46, à peu près à 6 m au dessus du niveau de la mer. Cet endroit offre une excellente vue sur la mer, à la fois vers le nord et vers le sud. Bien qu'aucune trace indubitable d'occupation n'ait été visible à la surface, c'est précisément cette particularité de situation dominante qui nous fit penser qu'une maison dorsétienne pouvait avoir été située à cet endroit et nous encouragea à le fouiller. Ces fouilles, commencées en 1973, furent poursuivies en 1974, 1975, 1977 et 1978 sur une superficie de 45 m².

Aucune trace de muret ne fut découverte et l'axe de l'habitation que nous avions d'abord supposé nord-sud, se révéla plus tard orienté du nord-ouest au sud-est. Malgré la présence d'une hutte thuléenne à quelques mètres à l'ouest, on ne trouve guère de traces de cette culture près de la surface. Les premiers signes d'industrie dorsétienne se rencontrent dans la tourbe, à 10 cm de la surface. Mais les principaux signes d'occupation se situent surtout aux niveaux de 20/25 cm et de 35/40 cm, marqués assez souvent, surtout au niveau supérieur, par une mince couche de gravier et par des concentrations de débris organiques (peaux, poils, os, copeaux de bois et même excréments d'animaux). C'est à 35 cm que se trouve une large surface dallée oblongue bordée de pierres et portant des traces de carbonisation; orientée dans un axe nord-ouest – sud-est, elle se trouvait apparemment dans la partie postérieure de la maison dont, malheureusement, les limites demeurent incertaines. Le fond de l'habitation, très inégal, est constitué par le soubassement rocheux et par des blocs erratiques. Dans les interstices entre les rochers, on trouve, jusqu'à une profondeur de 50 cm, quelques pièces travaillées, os et débris d'industrie remontant, semble-til, avant la mise en place de l'habitation. Il semble donc que ce soit longtemps après que l'endroit eût été fréquenté, probablement comme poste d'observation, et progressivement nivelé, qu'une maison ait été installée, sans d'ailleurs qu'on puisse déceler aucune trace de muret.

ANALYSE DES VESTIGES

Témoins lithiques

Pointes triangulaires (77)

Ces pointes peuvent être divisées en plusieurs catégories : 23 pointes à base concave, dont trois sont denticulées, deux étroites; onze pointes à base rectiligne, dont quatre étroites; 17 pointes de petites dimensions, dont trois étroites et une denticulée; cinq pointes lancéolées et 21 pointes à double cannelure distale, auxquelles s'ajoutent quatre triangles, chutes de cannelures.

Lames à encoches bilatérales (22)

Ces lames sont au nombre de 22, toutes symétriques sauf cinq. Une lame symétrique a été trouvée dans son manche en bois. On peut y ajouter quatre lames à doubles encoches bilatérales et 26 bases de lames à encoches.

Lames et divers objets bifaciaux (66)

On note parmi ces pièces : deux lames à pédoncule, deux armatures latérales, une large lame bifaciale asymétrique, une lame symétrique à base brisée avec double coup de burin sur troncature et une lame à cran et à bout brisé, ainsi que six pièces retouchées bifacialement, auxquelles s'ajoutent 30 pointes de lames, dont 3 denticulées et 23 fragments divers, dont 3 en quartz.

Microlames (1134)

Sur un total de 1134 microlames, 183 étaient complètes et, de celles-ci, 81 étaient retouchées. Parmi les fragments, on compte 374 éléments retouchés. On peut aussi noter que 36 de ces microlames (dont sept complètes) étaient en quartz, et que l'ensemble contenait aussi 11 microlames pédonculées, 6 à encoches, 1 denticulée, 1 à bords et dos polis et 1 avec coup de burin.

Grattoirs (16)

Des 16 grattoirs qui ont été recueillis, 3 sont évasés, 3 rectangulaires (dont un qui est très court), 3 triangulaires allongés (dont un inachevé), 1 unguiforme, 5 obliques (dont 2 courts), 1 long, 1 à encoches; enfin 1 grattoir à bout arrondi et à bords distal et latéraux polis a dû être utilisé comme assouplissoir .

Racloirs (21)

Les 21 racloirs se divisent en 10 à bord rectiligne (dont 1 axial et 1 à bout brisé), 4 à bord concave, 2 à bord convexe sans encoche et 1 à bord convexe et encoches; 4 autres étaient fragmentaires. On peut également mentionner la présence d'un grattoir-racloir.

Burins (3)

Seulement 3 spécimens ont été trouvés, dont 1 épais à encoches bilatérales avec 9 traces d'enlèvement, 1 burin d'axe à base étroite, sans encoches et une base de burin double bilatéral avec traces d'enlèvements.

Simili-burins (95)

Sur un total de 95, les simili-burins à encoches bilatérales sont les plus nombreux (25) et se subdivisent en 13 à angle fonctionnel obtus (dont 6 larges et 4 étroits); l'un de ces derniers a été modifié en burin sur le bord non fonctionnel, après deux enlèvements); 3 autres sont à angle fonctionnel aigu, dont 2 étroits et 3 sont inachevés. On en compte aussi 6 dont le bout est brisé, ainsi qu'une base avec traces de 4 coups de burin. On notera que Maxwell (1973 : 22) a également trouvé dans la région de Lake Harbour des simili-burins modifiés en burins et qu'il les considère comme un type fonctionnel. Il pense même que certaines de ces pièces ont été utilisées uniquement pour produire des chutes de burin.

On compte également 20 simili-burins à cran : 3 à angle fonctionnel obtus et 10 à angle fonctionnel droit ou aigu dont 1 a reçu un coup de burin transversal; un autre est un simili-burin d'axe, tandis que 5 sont très ébréchés et un sixième est inachevé.

Mini-simili-burins (11)

Il s'agit d'une nouvelle catégorie de « burins », ainsi désignés, par analogie avec les mini-burins de N46, et à cause de leurs dimensions combinées qui ne dépassent pas 30 mm. Comme les mini-burins, ils semblent bien former une catégorie distincte et ne paraissent pas avoir été utilisés de la même façon que les simili-burins ordinaires. En fait, ils semblent beaucoup mieux qualifiés que les autres simili-burins pour jouer le rôle de burin. On les trouve aux deux principaux niveaux de la zone fouillée, mais, à une exception près, tous ont été découverts dans la partie sud-est de N76, c'est-à-dire près de ce qui devait être l'entrée de l'habitation et peut-être même à l'extérieur. Tous sauf un ont des encoches bilatérales (et n'ont donc pas pu être utilisés avec le même genre de manche que les autres simili-burins), sont de forme à peu près symétrique et semblent avoir rempli une fonction particulière. Parmi les simili-burins découverts à N46, plusieurs sont de format réduit mais ne possèdent pas les caractéristiques de ceux de N76. Celles-ci se retrouvent, par contre, sur 2 spécimens, dont 1 en ardoise, provenant d'un sondage opéré en 1981 à quelques mètres de N46. Comparé au nombre total relativement réduit (38) des grattoirs et racloirs, celui des simili-burins paraît assez élevé. On verra plus loin qu'au site plus tardif de N73, la proportion est renversée : le nombre des simili-burins est à peu près le même qu'à N76, mais les grattoirs et racloirs sont 10 fois plus nombreux.

Nucléus (42)

Des 42 nucléus, 15 sont prismatiques, et 1 cubique; 7 sont en quartz et un en quartzite.

Divers (24)

Parmi les pièces diverses, on trouve 7 perçoirs, 3 bifaces à bout arrondi mousse (dont 1 à encoches bilatérales), 2 coins (dont 1 en quartz), 1 hachereau ou coin, 1 lame triangulaire bifaciale (pour herminette ?), 1 bout de lame symétrique avec double coup de burin sur troncature, 4 pierres à feu et 5 aiguisoirs-polissoirs. Ces dernières pièces sont en grès rose, rougeâtre ou gris. La matière première utilisée presque exclusivement dans la fabrication des simili-burins est un quartzite très fin, habituellement blanc, beige ou blanc-gris. Je l'avais d'abord qualifié de silex grossier, mais une communication du Professeur I.D.

Brindle confirme qu'il s'agit bien de quartzite dont l'emploi semble avoir été presque exclusivement réservé au façonnage des simili-burins. Ces objets ont été surtout utilisés (et parfois presque entièrement polis) sur les bords. L'un d'eux est marqué d'un sillon sur une face.

Pièces en ardoise (30)

Parmi les 30 pièces de ce genre, on trouve 4 lames polies (ou fragments) à encoches bilatérales simples; 4 lames polies (ou fragments) à doubles encoches bilatérales (dans un cas on remarque l'ébauche d'une troisième paire d'encoches); 2 lames polies à 3 encoches (2 à un bord et 1 à l'autre); 2 pointes de lames lancéolées; 2 petites lames étroites sans encoches; 1 large lame à encoches bilatérales arrondies et à bout demi-circulaire du genre « ulu » (type qui a également été trouvé à N46 et à N76); une cheville carrée à bords arrondis et à bout poli; 14 fragments de lames polies et 1 fragment avec perforation (thuléen).

Pièces en stéatite (8)

Seulement 8 fragments de pièces en stéatite ont été trouvés, parmi lesquels on note 1 large fragment triangulaire arrondi (110 x 76 mm) de récipient en stéatite, probablement utilisé tel quel; 2 fragments de petite lampe ou godet à peu près triangulaire d'une dizaine de centimètres de largeur; 1 fragment à bord arrondi de récipient peu profond et 4 fragments divers.

Déchets de débitage (13 294)

Ces déchets, au nombre de 13 294, comprennent 11 583 éclats de silex et de quartzite, 1442 de quartz et 269 d'ardoise.

Pièces en os, ivoire, andouiller et fanon de baleine

Têtes de harpons (22)

Toutes les têtes de harpon ou fragments identifiables de N76, au nombre de 22, appartiennent à l'un des 3 types suivants de Meldgaard : A (à pointe et ergots), D (à fente distale et ergots) et E (à fente distale et perforation transversale)

Type A :

Une à base arrondie, est endommagée; 1 est du type A22/23, à perforation sur cannelure (41 x 15); 1 de type A21 logette fendue (« Tyara sliced ») en ivoire de morse a les ergots abîmés (48 x 11); 1 est un fragment de type A miniature.

Type D :

Une est un type D miniature, en ivoire, avec logette dans les ergots seulement; 1 correspond au type Da6 (« Kingait closed socket » de Taylor (1968)), avec petite fente esquissée à la base de la logette et des éperons perforés transversalement (45 x 12); notons que la fente distale perforée suggère l'utilisation d'une lame en ardoise ou en métal; 1 est un type D en ivoire de morse; 1 également de type D, avec un ergot brisé; 1de type D, abîmée et en ivoire de narval; 1 de type Db7 (60 x 19), en andouiller; 1 de type Da6 (50 x 13), brisée entre la fente distale et la perforation et réparée avec une mortaise et 2 rainures circulaires, en ivoire de morse (Planche 7k); 1 de type Db6/Db7 avec logette fermée et base arrondie; ivoire de narval (55 x 16); 1 de type D, en ivoire de narval; 1 de type Da3 ou 4 (peut-être « sliced »), abîmé, en ivoire de narval; 1 (Planche 7d), de type Da4/5 (« sliced »), avec

base arrondie et ergot acéré; en ivoire de morse (42 x 11); 1 de type D, large; 1 de type Da, avec base légèrement arrondie et avec vestige de fente et ergots divergents; 1 est un fragment, probablement de type D, en ivoire de morse; 1 fragment de type D; 1 est une partie distale à fente, probablement de type D; 1 type D, en ivoire.

Type E :

Une est de type E14 à dos perforé (49 x 10) avec vestige de fente et 1 ergot brisé (Planche 7c).

Enfin, mentionnons qu'un triangle de débitage de tête de harpon a également été trouvé.

Têtes de harpon barbelées (3)

Les seules pièces découvertes sont une pièce à barbelures asymétriques très acérées de 148 mm, une miniature de harpon à barbelures de 79 mm, ainsi qu'un fragment de barbelure.

Têtes de lance (4)

Quatre pointes de lance ont été trouvées : 1 (140 mm) en os, a une base carrée et une perforation avec rainure aux 2/3 de la tête; 1 en os également (128 mm) a une base à peine arrondie, un côté à facettes et une fente pour armature latérale; une autre, en os d'ours et correspondant au type 13M de Meldgaard, est légèrement recourbée (180 mm); 1 également en os d'ours, est une pièce inachevée. Enfin, sur trois bases de tête de lance, 2 sont arrondies et sans perforation et l'autre, en os, est perforée.

Aiguilles (27)

On a seulement trouvée 3 aiguilles complètes et 24 fragments (dont 11 à tête pointue et 2 à tête carrée).

Semelles de patins (13)

Dix des semelles de patins sont en ivoire de narval et 2 en ivoire de morse. Elles sont du type à fente longitudinale et perforations au centre. Par contre, la seule semelle de patin en fanon de baleine est du type à doubles fentes longitudinales parallèles. Ce spécimen était long de 632 mm et large de 28 mm sur 275 mm seulement; sur le reste de la longueur, la largeur était réduite par fracture à une douzaine de millimètres seulement. De plus, une semelle en os de baleine de facture thuléenne a également été trouvée.

Percuteurs (9)

Les 7 percuteurs de N76 sont en os dont 2, en os de pénis. Deux fragments ont également été trouvés.

Poinçons (6)

Sur 6 poinçons, il en est un, en andouiller, qui a une forme recourbée et est orné à une extrémité d'une tête de phoque gravée; il a peut-être aussi jouer le rôle de bouche-plaie. Des 5 autres, 2 sont en os de caribou, 1 en os d'ours et 2 (représentés par des fragments distaux) sont l'un en ivoire et l'autre en os d'oiseau.

Supports de simili-burin (12)

Ces supports sont les pièces qui maintiennent les simili-burins dans leurs manches en bois et les empêchent de basculer lorsqu'ils sont soumis à une forte pression transversale. À N76, on en trouve 8 complets et 4 fragments. La longueur de la pièce varie entre 29 et 73 cm. Le matériau employé est l'ivoire de morse dans 6 cas, l'ivoire de narval dans un cas et l'andouiller dans deux autres cas.

L'industrie de l'os de caribou (instruments en métatarse de caribou – IMC) (44)

L'industrie de l'os de caribou qui caractérise le Dorsétien moyen des sites de Navy Board Inlet (cf. Mary-Rousselière 1984) est déjà représentée à N46, mais s'épanouira surtout à N73. On en trouve déjà d'assez nombreux spécimens typiques à N76. Il y a d'abord l'instrument en métatarse de caribou (abrégé en IMC), ainsi l'os dont ce dernier est extrait et que nous appelons « négatif » parce qu'on y retrouve en creux la forme de l'outil. Il y a l'instrument multiforme en radiocubitus dont les deux extrémités sont souvent fonctionnelles, ainsi que la partie de l'os dont il est extrait. Il y a enfin les morceaux coupés de sternum et les morceaux d'omoplates dont sont extraites certaines pièces plates.

À N76 ont été découverts : 1 IMC et 11 fragments d'IMC, ce qui montre que la pièce est assez souvent soumise à un usage violent; 7 négatifs et 6 fragments de négatifs; parmi eux se trouve une pièce qui ne correspond pas tout à fait à la définition donnée précédemment, car elle n'a pas la forme de l'IMC et n'est pas un métatarse mais un métacarpe, ce qui témoigne d'un enlèvement de forme rectangulaire et qui correspondrait plutôt à la description des écharnoirs à double poignée (« double-handed beamer »); 5 outils en radiocubitus, la plupart du temps des poinçons ou des percuteurs ou les deux à la fois, et 2 fragments de tels outils ainsi qu'un déchet de radiocubitus; 1 morceau de sternum avec double perforation; 6 morceaux d'omoplate découpés et 4 pièces en os de caribou.

Pièces diverses en os, ivoire et andouiller **(22)**

On peut mettre à part quelques pièces appartenant probablement à des boîtes composites : une plaquette ovale en os (25 x 20 x l) avec perforation ovale au centre; un côté de boîte rectangulaire et incurvé (64 x 41) avec rainure transversale sur le bord concave; une pièce ovale en omoplate à 2 perforations centrales et 2 bords denticulés, peut-être couvercle, bouton ou rhombe (Planche 20i).

Des cuillères : 1 cuillère miniature en andouiller (32 x 8); 1 longue cuillère en andouiller à bout brisé; 1 fragment de cuillère en andouiller.

Des manches : 1 manche double à microlames (73 x 8 x 4), en andouiller; 1 manche à encoches en ivoire de narval (un éclat retouché a été trouvé dans son prolongement).

Des coins : 1 est un os de pénis de morse taillé en forme de coin; 1 coin en andouiller.

Autres pièces diverses : 1 est une pièce arrondie en ivoire de narval (bola ?); 1 pièce façonnée en forme de couteau; 1 fragment de petite pièce en fanon de baleine à bout pointu et relevé (modèle de ski ?); 1 pièce perforée en ivoire de narval (poids de filet); 1 aiguille à poissons en os (bout cassé); 1 pièce en os long avec traces d'égratinures transversales et esquilles sur un bord (racloir ou assouplissoir à double poignée ?); 1 pièce intermédiaire en andouiller (46,5 x 5) biseautée à chaque bout sur la même face, avec 2 encoches parallèles sur la partie médiane de la face opposée; 1 pièce façonnée en andouiller, une extémité biseautée, l'autre perforée; 1 pendentif perforé en andouiller; 1 tête d'herminette endommagée; 1os taillé en spatule avec perforation, bout abîmé; enfin, un morceau de crâne d'ours aménagée (120 x 70).

Divers, os, ivoire **(17)**

Les quelques autres pièces et fragments non identifiés incluent : cinq en os, deux en os de baleine, trois en andouiller et cinq canines d'ours. Deux spécimens d'andouiller, un mérain comportant une fourche et une meule, et un long morceau de mérain sont traversés chacun par une profonde rainure en V qui montre, au moins dans ces deux cas, comment était utilisé le simili-burin. Celui-ci était tenu obliquement par rapport à la pièce à couper de telle sorte qu'un des côtés de la rainure de creusage est poli par le bord fonctionnel latéral et l'avers du simili-burin, tandis que l'autre côté est marqué par les rayures successives produites par le bout du simili-burin. C'est pourquoi l'avers du simili-burin offre toujours des stries perpendiculaires au bord latéral tandis que, sur le revers, les stries de polissages originales sont presque toujours parallèles à l'axe de la pièce. La plupart des simili-burins semblent avoir été utilisés par des droitiers. (À ce sujet, voir ci-dessous, les simili-burins de N73).

Déchets de fabrication (218)

Ces déchets sont au nombre de 218 dont : os (surtout caribou) : 67; andouiller : 41; ivoire de narval : 52; ivoire de morse : 34; et non identifiés : 24.

Pièces façonnées en bois

D'assez nombreux fragments de manches ont été trouvés à N76. Très peu sont de forme cylindrique et il en est de même pour les hampes. La plupart ont une section hexagonale, octogonale, rectangulaire arrondie ou ovale.

Manches à fente distale (13)

Ces manches, au nombre de 13, sont utilisés avec des lames à encoches et, du fait de leur utilisation fréquente comme manches de couteaux, sont les plus nombreux à N76. Un de ces manches a été trouvé avec sa lame; ses dimensions étaient de 145 x 17 x 11; un bout de manche portait une base de lame à encoches en position. Parmi les autres manches, un, mesurant 171 mm sans son extrémité fragmentée, porte une rainure long-itudinale sur le côté; un mesure 92 x 12 x 7; un, assez court (62 x 8,5 x 7) est biseauté et porte une rainure de fixation; un a une section octogonale aplatie (149 x 14 x 9); un à large fente distale (129 x 19 x 12), a une section rectangulaire arrondie; un est un manche plat (107 x 21 x 10) à large fente distale; un est un petit manche (89 x 12 x 8) à fente et rainure distales; un est un manche plat pour large lame à encoches; un mesure 124 x 14,5 x 10; 4040 est un fragment de manche à 3 paires d'encoches; et un est le bout d'un petit manche à logette ouverte avec rainure circulaire.

Manches à logette ouverte (7)

Bien qu'aucun de ces manches n'était été trouvé avec son outil en place, il est probable que les plus longs étaient destinés a porter des racloirs et les plus courts des grattoirs : un a une extrémité distale étroite (138 x 19 x 5); un est plat, à longue logette ouverte et à perforation (113 x 15,5 x 7); un est aussi un manche plat (98 x 13 x 5,5) dont la logette ouverte étroite a pu porter une microlame (?); un est un petit manche plat à facettes (70 x 12 x 4); un petit manche plat (93 x 11,5 x 5) à logette peu profonde et épaulement; deux sont des manches de 97 mm de long à logette étroite.

Manches divers et fragments de manches (16)

Sur 16 spécimens, 2 seulement sont des manches à peu près complets, les autres sont des fragments : un est un petit manche (32 x 11 x 9,5) à section rectangulaire; un est un petit manche (92 x 8 x 6) à bout abîmé. À l'instar de ces deux dernières pièces, les 14 fragments ne sont pas suffisamment complets pour être identifiés avec plus de précision. Un est un morceau biseauté de hampe à section carrée arrondie.

Pièces composites (3)

1. *Manche avec microlame et support* (1)

Il est remarquable que le seul manche à microlame identifiable soit complet avec microlame et support (169 x 14 x 8,5). La microlame est fixée dans la fente du manche en bois à l'aide d'un fil de tendon grâce à un support additionnel en bois placé à la base de la microlame. Le ficelage commence sur la partie distale directement sur la base de la microlame, puis sous la pièce additionnelle et enfin dessus. Un autre fil (manquant) maintenait la partie proximale du support. C'est le seul exemple d'une microlame emmanchée grace à un support additionnel.

Il est également remarquable qu'on ne trouve qu'un seul manche à microlame à N76 – même si l'on tient compte du manche double à microlame en andouiller – alors qu'à N73, postérieur de quelques siècles seulement, les manches à microlames sont les plus nombreux – tous sans support – et que les microlames sont presque aussi nombreuses à N76 (1 134) qu'à N73 (1 271).

2. *Manche avec simili-burin et support* (1)

N76 a livré un excellent spécimen de simili-burin fixé sur son manche en bois grâce à un support en andouiller maintenu en place par une petite lanière de tendon tordu. Bien que la partie proximale du manche manque, le support est complet et mesure 74 mm. Sur ce dernier, on remarque une double encoche de ficelage dont une n'est pas utilisée, ce qui pourrait signifier que le support a d'abord servi à un autre manche en bois. Les stries d'utilisation sur la face du simili-burin et de son support montrent qu'il a été utilisé surtout comme rabot; on ne remarque pas de signes d'utilisation sur le bord distal de la face opposée.

3. *Manche composite* (1)

Cette pièce est composée de 2 morceaux, l'un de 207 mm et l'autre de 91 mm, tous deux parfaitement adaptés grâce à une rainure circulaire de ficelage qui donne une forme de pommeau à une extémité. On remarque que le grain du bois n'est pas dans le même sens sur les 2 pièces. L'autre extrémité est malheureusement abîmée.

Pièces minces rectangulaires (20)

De ces pièces généralement rectangulaires, mesurant de 28 x 7 à 77 x 56 et de 2 à 6 mm d'épaisseur il est difficile de deviner l'usage. Plusieurs portent des perforations souvent adjacentes à des rainures et certaines font partie d'ensembles compliqués dont on ignore la signification. D'autres peuvent avoir été des flancs de boîtes.

Quatre autre pièces suivantes font partie d'un ensemble relié par des fils (disparus) dont le passage est indiqué par des trous reliés ensemble par de petites rainures. Ces pièces étant incomplètes, il est impossible de déterminer quel pouvait être leur usage. On remarquera que ce genre de pièces se retrouvent au site plus tardif de N73.

Pièces symétriques (2)

Bien que ces pièces soient seulement au nombre de 2 à N76 et qu'on ignore leur signification, elles font partie d'une tradition qu'on retrouve à N73 et à Saatut. Leur seul point commun est justement d'être symétriques, peu épaisses, d'être marquées d'un curieux motif, parfois minuscule, au milieu d'un bord et de présenter parfois, sur une face des motifs symétriques qui peuvent être des perforations semblant destinées à accueillir des tenons. Une est une pièce légèrement incurvée (60 x 12 x 4) avec 2 perforations rectangulaires et un ornement sur un côté et au revers; l'autre est une pièce plate (35 x 11 x 2,5) avec 2 perforations et un ornement sur le côté.

Pièces sculptées (7)

Le nombre des pièces sculptées à N76 est assez réduit. La plupart semblent simplement ébauchées :

- bâtonnet représentant une tête cornue ou à grandes oreilles;
- petit fragment avec ébauche de face humaine;
- un fragment biseauté avec face humaine;
- le bout d'une pièce en forme de fuseau du genre de celles qui ont été trouvées à Button Point où sont habituellement ornées du motif squelettique représentant probablement l'ours;
- petite lance miniature;
- lance miniature ou un ours stylisé;
- pièce façonnée en forme de « noeud papillon ».

Pièces diverses façonnées (15)

Une pièce à section triangulaire; une pièce taillée en pointe à chaque bout, bord ondulé avec perforations; fragments de côte de kayak; morceau de petit patin de traîneau (145 x 35 x 17) avec perforations pour la fixation des semelles; pièce mince (165 x 31 x 5) avec perforations et rainures de ficelage; fragment de pièce à double biseau (52 x 14 x 9) avec bec/encoche; cuillère recourbée; 2 fragments biseautés adaptés; base de préhampe en bois (52 x 8); pièce biseautée taillée en pointe avec perforation latérale; pièce (97 x 12 x 8) avec un bout taillé en pointe, l'autre extrémité arrondie avec rainures; fragment de pièce taillée en pointe acérée; moitié de pièce ovale mince perforée au centre; pièce en forme de proue de kayak (145); fragment de pièce incurvée (cadre de tambour ?)

Divers et fragments (890)

Cette catégorie comprend des fragments de pièces non identifiées (251), de hampes (12), de pièces biseautées (97) et de pièces plates (12); on y trouve également des baguettes (48), dont 18 biseautées, des « allumettes » (4), des rouleaux d'écorce (3), ainsi que des fragments divers (463)

OSSEMENTS

Les restes osseux trouvés au cours des deux premières années de fouilles sont au nombre de 3808. Comme dans le cas des autres habitations de Nunguvik, la proportion des os de caribou trouvés à N76 paraît surprenante quand on la compare à celle de la plupart des sites dorsétiens. C'est une des principales cactéristiques du site.

Animaux	N	%
Caribou	2837	74,5
Phoque	424	11,1
Phoque barbu	210	5,5
Morse	155	4,1
Narval	21	0,5
Ours	3	0,07
Baleine	23	0,6
Lièvre	84	2,2
Renard	9	0,2
Oiseaux	35	0,9
Poisson	6	0,15
Boeuf musqué	1	0,03

Tableau 3 : Ossements des animaux trouvés dans la maison N76.

CHRONOLOGIE

L'examen des pièces suggère à priori un Dorsétien relativement ancien. On note en particulier la forte proportion d'aiguilles à tête pointue, le nombre élevé de lames à double cannelure distale, le nombre de lames en ardoise polie, le fragment angulaire de récipient en stéatite et la présence de têtes de harpon à logette incomplètement fermée.

En fait, la collection de têtes de harpon ressemble beaucoup à celles du site T1 à Native Point (Collins 1956), de Tyara (Taylor 1968) et de Lake Harbour (Maxwell 1973) qui, jusqu'ici étaient habituellement datées entre 700 et 400 av. J.-C. Bien plus, Meldgaard (commun-ication personnelle) croit pouvoir dater la transition entre la forme à logette fendue et la forme à logette fermée entre 490 et 400 av.J.-C. au site Freuchen (Igloolik) et entre 450 et 360 av.J.-C. au site Jens Munk.

Or, on possède quatre datations par le radiocarbone, et ces dates sont de beaucoup postérieures à celles qui étaient jusqu'ici attribuées aux sites mentionnés plus haut, d'autant plus que la dernière citée pouvait paraître moins sûr du fait que l'échantillon provenait peut-être de bois dérive et que, récolté à la limite de l'habitation, il pouvait provenir d'un remaniement du sol et représenter une occupation antérieure.

D'autre part, la régularité des trois autres dates pouvait paraître impressionnante, d'autant plus que les deux dates du niveau inférieur, provenant d'échantillons de matières différentes, plantes et os de caribou, corres-pondaient, à 70 années près. Cependant la différence d'environ 200 ans entre les deux occcasions signalées plus haut paraissait exagérée, car il s'agissait de deux sols pié-tinés que ne séparait aucun signe d'inoccupa-tion, et semblait pouvoir être réduite à un laps de temps beaucoup plus court, les pièces caractéristiques se retrouvant également aux deux niveaux. Mais comment, dans ce cas, expliquer la différence de plus de 800 ans avec les autres sites comparables?

En ce qui concerne la chronologie admise pendant longtemps pour les sites du Prédor-sétien ancien, il importe de remarquer qu'elle a pour base des dates établies à peu près uni-quement à partir d'échantillons provenant de mammifères marins, dont McGhee et Tuck (1976:6) ont pensé qu'elles devaient être réduites d'environ 400 ans ou même abandon-nées. Depuis, Arundale (1981) a montré que ces dates pouvaient encore être utilisées après correction des causes de variabilité (effets de réservoir et de fractionnement). Il en résulte que le Dorsétien le plus ancien ne semble pas remonter à beaucoup plus de 500 ou 600 ans av. J.-C.

Il semble donc logique d'abandonner les deux dates provenant d'échantillons de plantes et d'accepter celle que donne le charbon de bois, c'est-à-dire 140 av. J.-C. Il faut cepen-dant remarquer que selon Arundale (1981), les dates corrigées de Tyara sont maintenant de 435 av. J.-C., 395 av. J.-C. et 35 av. J.-C. et que celles de T1 s'échelonnent entre 397 av. J.-C. et 175 ap. J.-C. La différence ne parait donc plus inacceptable. D'après les notes que Meldgaard a eu l'amabilité de me communiquer, l'évolution mentionnée plus haut de 490 à 400 av. J.-C. est basée sur une date par le radiocarbone de 440 av. J.-C., mais il ne précise pas à partir de quel échantillon elle a été obtenue.

No. de lab.	Matériau daté	Contexte	Âge normalisé
S-845	cassiopée	-25 cm	1310 ± 90
S-849	os de caribou	-40 cm	1600 ± 75
S-883	cassiopée	-35 cm	1530 ± 100
S-1202	charbon de bois	-50 cm	2090 ± 50

Tableau 4 : Datations par le radiocarbone obtenues de la maison N76.

La maison 82 à Nunguvik (N82)

En contrebas de N76 et à 2,40 m au dessus du niveau de la mer, se trouvait un emplacement qui bénéficiait de la même situation favorable, avec vue sur la mer à la fois vers le nord et vers le sud. Une légère dépression y suggérait la présence d'une habitation dorsétienne et un sondage y fut entrepris en 1973, malgré l'état marécageux dû aux pluies récentes. Ce sondage révéla des traces d'occupation à peu près continues et la présence de têtes de harpon anciennes au niveau inférieur nous encouragea à poursuivre les fouilles l'année suivante. Une surface dallée assez importante fut découverte à une profondeur de 24 cm, mais ce n'est qu'entre 30 et 50 cm de profondeur que furent trouvées les pièces en matière organique. Poursuivies en 1977, les fouilles durent finalement être interrompues, la fosse étant fréquemment inondée et nous obligeant à siphonner l'eau que nous avions pu évacuer au début grâce à un canal d'écoulement. Une superficie totale de 6,50 m^2 a été fouillée sur une profondeur de 45 à 50 cm.

Le total des pièces est de 283. Bien que deux légères concentrations aient été notées entre 10 et 20 cm, d'une part, et entre 30 et 40, d'autre part, il ne nous a pas paru nécessaire de diviser l'échantillon en 2 niveaux séparés, car l'occupation semble bien avoir été à peu près continue. Les pièces les plus caractéristiques, en particulier toutes les têtes de harpon, se trouvent d'ailleurs au niveau inférieur.

ANALYSE DES VESTIGES

Témoins lithiques

Pointes triangulaires (8)

Des 7 pointes triangulaires à base concave, 2 sont à double cannelure distale, 2 sont denticulées, 1 en quartz et 3 endommagées. Une base rectiligne de pointe triangulaire a également été trouvée.

Lames à encoches bilatérales (10)

Les 3 lames à encoches ordinaires sont symétriques. On distingue aussi des lames dont les encoches sont larges et peu profondes : 2 sont symétriques, 2 asymétriques, 1 lancéolée, 1 à bout carré et 1 à bord fragmenté.

Lames à pédoncules (3)

Elles sont au nombre de 3, dont une seule complète.

Microlames (153)

Les microlames peuvent être divisées en : 13 microlames retouchées complètes; 12 microlames non retouchées; 41 fragments de microlames retouchées et 87 fragments de microlames non retouchées.

Grattoirs (8)

Sur 8 grattoirs, 5 sont triangulaires, dont 1 en quartz, 1 est en éventail, 1 est long, à pédoncule, le dernier est fragmentaire.

Racloirs (9)

Des 9 racloirs, 5 ont un bord concave, 2 un bord rectiligne, dont 1 déjeté (60°), 1 a un bord convexe et déjeté (60°); 1 a été brisé puis réutilisé.

Simili-burins (14)

Sept simili-burins sont complets. De ce nombre, 3 sont à encoches, dont 2 à angle fonctionnel obtus et 1 à angle droit; 2 sont à cran, dont 1 à angle aigu et l'autre à angle obtus. Les 2 autres sont des mini-simili-burins à 2 encoches. Des simili-burins fragmentaires (7), 4 sont à encoches, dont 1 a reçu un coup de burin sur le bord non fonctionnel, et un présente un cran. On a également un fragment mésial de simili-burin et une chute de simili-burin.

Nucléus (13)

On compte 3 nucléus à microlames dont 2 sont épuisés, 5 nucléus, 1 nucléus épuisé avec coup de burin, 1 nucléus-pierre à feu, 3 nucléus en quartz dont 1 épuisé.

Divers silex

Parmi les pièces diverses en silex, on note : 1 biface ovale à bords partiellement polis, 2 éclats retouchés avec coup de burin, 1 biface épais à pédoncule et à bord distal arrondi mousse, avec traces de 2 coups de burin et 1 coin

Pièce en ardoise en forme d'ulu

Cette pièce de forme semi-ovale de genre « ulu » mesure 65 x 25 cm et a le bord incurvé poli. Sa découverte à -39 cm de la surface semble éliminer toute intrusion d'origine thuléenne. Il faut remarquer que d'autres lames d'ardoise jouant le rôle d'ulu mais d'un modèle différent ont été découvertes également à N46 et N73. D'autre part, Maxwell (1973 : 215, 236) signale la présence de 5 « ulus » de forme ovale et semi-ovale au site

de Tanfield, mais le fait qu'ils soient en silex (4) et en grès (1) montre qu'ils sont probablement assez différents des ulus thuléens.

Autres pièces en ardoise (6)

Les 6 autres pièces consistent en 1 lame polie à 3 encoches (2 à un bord et 1 à l'autre) et en 4 fragments de lames polies ainsi qu'un fragment coupé.

Pièces en stéatite (11)

On peut signaler un gros fragment de récipient ovale ainsi qu'un fragment angulaire. Toutes les autres pièces sont des fragments incurvés de récipients.

Aiguisoir-polissoir (1)

Cette pièce rectangulaire en grès a été utilisée surtout sur les deux bords longs et partiellement sur les deux faces.

Déchets de débitage (2532)

Ces déchets comprennent surtout des éclats de silex et de quartzite (2415), des éclats de quartz (104) ainsi que des éclats d'ardoise (13).

Pièces en os, ivoire, andouiller, et fanon

Têtes de harpon (7)

Ces têtes de harpon appartiennent à trois des types de Meldgaard : A, D, E. Une à logette fendue, en ivoire (41 x 10 x 5,5) est du type A21; une autre en ivoire, très étroite (51 x 10) est du type A19 ou A20, mais à logette fendue comme A10. De plus, 1 est une pointe en ivoire appartenant probablement à une tête de type A. Une tête en ivoire, abîmée à chaque bout, appartient au type Db8 ou Db6. Les trois autres sont du type E : 1 est à logette fendue et possède une rainure longitudinale sur sa partie distale; 1 est de type E14 et a un ergot brisé (Planche 7b); et 1 est un fragment en ivoire de type E14 à logette fendue.

Toutes ces têtes de harpon ont été découvertes entre -35 et -45 cm. Deux pièces sont caractérisées par des ergots à bords beaucoup plus divergents que les pièces d'Igloolik.

Pièces diverses en os et en ivoire, etc.

Une pièce semble bien être une préhampe de harpon en ivoire (122 x 27) modifiée en percuteur; Meldgaard (communication personnelle) mentionne une pièce de ce genre à Igloolik. La base coupée d'une tête de lance en andouiller (#4045) à perforation transversale ressemble un peu à celles que Meldgaard a trouvées à 21m à Alarnerk.Une pièce en os de baleine (#4772) mince, biseautée à chaque bout (228x34x8) avec rainures transversales de ficelage, servant probablement à assembler deux autres pièces. Parmi les fragments : 2 fragments d'aiguilles non caractéristiques; 1 fragment d'IMC; 1 fragment de percuteur en os de penis de phoque; 2 fragments de pièces perforées en andouiller; 2 fragments de pièces avec rainures de ficelage en andouiller; 2 fragments étroits de fanon coupé.

Déchets de débitage

Quarante fragments d'os, d'andouiller ou d'ivoire coupés.

Divers objets en bois

Les conditions de conservation du bois ne semblent pas avoir été très favorables à N82, probablement à cause de l'inondation fréquente du site. On ne peut signaler qu'une baguette taillée, 6 fragments de bois taillée et 40 fragments, déchets de débitage.

CHRONOLOGIE

A elles seules, les têtes de harpon indiquent un Dorsétien ancien. Il faut cependant remarquer que toutes ces têtes de harpon ont été trouvées à plus de 35 cm de profondeur, aucun vestige en matière organique n'ayant été trouvé au-dessus. Mais rien dans l'assemblage réduit des pièces trouvées au niveau supérieur ne s'oppose à cette indication : on y trouve aussi des traces de l'industrie du burin.

Le radiocarbone ne nous fournit qu'une date de 1770 $\pm$ 150 (S-847) pour N82. Elle provient d'un échantillon d'os de caribou recueilli naturellement au niveau inférieur. Cette date, comme plusieurs de celles que nous possédons pour N46 et N76, semble beaucoup trop récente. Au point qu'on pourrait se demander si les ancienne dates trouvées dans les autres sites où l'on trouve des « sliced harpoon heads » sont bien exactes ou si ce genre de têtes de harpon a été utilisé beaucoup plus longtemps dans la région de Pond Inlet.

La maison 73 à Nunguvik (N73)

Comme le montre une photo aérienne prise en 1969 (Figure 3), la maison 73 à Nunguvik ne se présentait nullement comme une maison dorsétienne classique, c'est-à-dire de forme rectangulaire, mais comme un terrain bouleversé où l'on pouvait distinguer une sorte de cuvette centrale précédée par un fossé qui pouvait faire penser aux passages d'entrée semi-souterrains du Dorsétien terminal de la région d'Igloolik.

Des sondages furent entrepris dès 1973, mais c'est surtout à partir des années suivantes que N73 devint l'objet principal de nos fouilles à Nunguvik. Une superficie de 133 m^2 a maintenant été fouillée sur une profondeur variant entre quelques centimètres et 0,85 m. L'épaisseur exceptionnelle de la couche archéologique sur la plus grande partie du site a permis la conservation dans le pergélisol d'un grand nombre de pièces en bois qu'on ne trouve pas dans la plupart des sites dorsétiens. En fait, au-dessous de -25 à -35 cm, les témoins ligneux sont généralement plus nombreux que les témoins lithiques ou osseux.

Ce que nous avions pris d'abord pour un passage d'entrée semisouterrain était une structure, pavée de larges dalles et bordée de chaque côté par de grosses pierres de chant, qui a pu servir de passage mais se trouvait au même niveau que le sol de l'habitation. A sa droite, c'est-à-dire au nord-est, et dans un axe parallèle, se trouvait le foyer principal qui semble avoir été utilisé assez longtemps à plusieurs niveaux. La partie dallée a pu être utilisée comme garde-manger et on y trouve aussi de nombreuses marques de carbonisation.

La partie centrale semble avoir été laissée vide pendant la plus grande partie de l'occupation du complexe. La couche archéologique n'y dépasse guère une dizaine de centimètres, recouvrant une épaisse couche de gravier fin dans laquelle on trouve cependant, à une certaine profondeur, de minces strates d'humus contenant parfois quelques ossements et objets-témoins indiquant une occupation antérieure. C'est tout autour de cette cuvette centrale qu'on trouve la plupart des signes d'occupation sous la forme de couches parfois très épaisses de bruyère ou de ramilles de saule, de sols piétinés ou couverts de peaux et de poils divers melés à d'abondants ossements. En plus de celle qui a été signalée plus haut, au moins trois importantes structures de pierre ont été découvertes. Deux d'entre elles se trouvaient dans le fond du complexe, de chaque côté de l'axe principal, une troisième du côté nord-est. Elles consistaient en plates-formes dallées à peu près circulaires entourées de grosses pierres et servaient probablement de garde-manger; on y trouve également des traces de feu.

Dans tout ce complexe, on ne trouve rien qui ressemble à un mur. Bien que de nombreuses pièces de bois de dérive aient été découvertes aucune trace des poteaux qui auraient été nécessaires pour couvrir une aussi large surface. Bien que le radiocarbone ait fourni des dates échelonnées entre le début de notre ère et le IXe siècle, il semble que l'occupation principale ait eu lieu à partir du Ve siècle et que les principales structures datent de cette époque. Le terrain a été modi-

Figure 5 : La maison N73 au cours de la fouille.

fié surtout par une fissure importante qui traverse le complexe du nord au sud et semble avoir provoqué l'effondrement de certaines structures secondaires. C'est au fond de cette fissure, à une cinquantaine de centimètres de profondeur, qu'ont été découvertes deux pièces de bois portant des traces de clous, probablement d'origine viking, datées de 1280 ap. J.C. (S-1615).

L'occupation du complexe paraissant s'être poursuivie au moins d'une façon discontinue pendant plusieurs siècles et ayant probablement été accompagnée de remaniements successifs, tout ce qu'on peut dire c'est que plusieurs familles dorsétiennes ont probablement vécu dans ce périmètre beaucoup plus étendu que la plupart des maisons dorsétiennes. On peut probablement la rapprocher

plus étendu que la plupart des maisons dorsétiennes. On peut probablement la rapprocher d'une très large maison découverte par Meldgaard à Alarnerk en 1954 et qui ne put être fouillée, étant alors inondée.

Longtemps après l'abandon de ce complexe, une maison dorsétienne rectangulaire fut construite sur la partie sud de ses ruines, probablement vers le Xe siècle. Elle a été partiellement fouillée mais ne semble pas avoir été occupée très longtemps.

En raison de la profondeur de la couche archéologique qui a favorisé la conservation des pièces en os et en bois, on a à N73 un échantillon aussi complet que possible de l'outillage des Dorsétiens de la région et de l'époque, ce qui est à peu près unique jusqu'ici au Canada.

ANALYSE DES VESTIGES

Témoins lithiques

Pointes triangulaires (159)

Ces pointes, utilisées comme armatures de harpons, sont au nombre de 159, dont 98 ont une base concave. Parmi celles-ci, 43 sont denticulées, 14 ont une forme lancéolée et 8 montrent des traces de polissage. Une seule est à double cannelure distale. Douze seulement ont une base rectiligne, dont 4 sont lancéolées. 49 autres, bien que fragmentaires, sont identifiables : 4 d'entre elles sont lancéolées et 6 denticulées, 1 porte des traces de polissage. Enfin, la série compte aussi 11 ébauches.

Lames à encoches bilatérales (257)

Un total de 155 lames à encoches à peu près complètes ont été trouvées. Soixante-sept (67), dont 1 denticulée, sont symétriques, 52 asymétriques; neuf ont la partie distale arrondie. Dans cinq autres cas, cette partie distale est arrondie et mousse. Selon Plumet (1985 : 265), ces pièces mousses sont analogues à celles qu'il a trouvées dans la maison longue D, dans l'Ungava. Des six lames à doubles encoches bilatérales, quatre sont symétriques, deux asymétriques. Une seule lame à encoches bilatérales possède une double cannelure distale. Dans cinq cas, les encoches bilatérales sont très peu profondes. On trouve aussi trois lames à une seule encoche latérale et une à trois encoches (2 à un bord et 1 au bord opposé); enfin 3 lames portent des traces de coup de burin. Trois des lames à encoches bilatérales symétriques ont été trouvées dans leurs manches. Soixante-dix-huit (78) bases de lames à encoches ont également été découvertes, dont une dans son manche. Enfin 22 parties distales de telles lames et 2 ébauches.

Lames à pédoncule (109)

Ce genre de lame, assez rare habituellement, est caractéristique de N73. On en trouve 61, dont 33 à pédoncule symétrique (2 en quartz) et 1 à pédoncule asymétrique, 6 denticulées et 11 partiellement denticulées, 2 à bout arrondi, 1 portant des traces de polissage et 1 avec coup de burin. Enfin 4 lames portaient des encoches bilatérales sur leur pédoncule. Deux lames de format réduit n'ont guère pu être utilisées que comme jouets. Ont également été trouvés 31 pédoncules de lames, dont 1 en quartz avec traces de polissage et 15 autres fragments de lames dont 3 en quartz. Deux (2) autres specimens semblent n'avoir été que des ébauches.

Il est probable que ces lames à pédoncules, souvent denticulées, aient été utilisées comme pointes de lance pour la chasse au caribou, lorsque ce dernier était à l'eau. Les « protecteurs de lame » (voir « Pièces en bois ») leur étaient presque certainement destinés. La rareté des têtes de lance en ivoire dans ce site suggère que les lames à pédoncule ont pu jouer à peu près le même rôle.

Armatures latérales (14)

Très peu de lames peuvent être considérées comme armatures de têtes de lance. C'est provisoirement que certaines lames bifaciales ont été cataloguées comme telles. Sur un total de 14, 5 sont asymétriques, 3 ovoïdes, 5 quadrangulaires et semi-circulaire.

Microlames (1271)

Un total de 1271 microlames ou fragments de microlames ont été découverts à N73 : 141 microlames retouchées, dont 8 pédonculées et 2 en quartz; 237 microlames non retouchées, dont 16 en quartz; 385 fragments de microlames retouchées, dont 7 en quartz; 834 fragments de microlames non retouchées, dont 51 en quartz; 2 fragments de microlames denticulées. De plus, une microlame retouchée et un fragment de microlame retouchée ont été trouvés dans leur manche.

Grattoirs (203)

Les grattoirs sont au nombre de 194, dont 38 unguiformes, 37 en éventail, 31 quadrangulaires, 18 obliques, 17 à épaulement bilatéral, 11 à épaulement unilatéral, 1 à pédoncule, 5 à encoches bilatérales, 14 oblongs, 3 à large bout arrondi, 1 ovale à « museau », 1 caréné, 2 pentagonaux, 10 asymétriques, 4 sur éclats et 1 sur bout de microlame. Sept (7) fragments de grattoirs ont également été trouvés, ainsi que 2 ébauches.

Racloirs (264)

Des 220 racloirs trouvés à N73, 102 ont un bord à peu près rectiligne, dont 1 en quartz et 1 sur microlame, 33 ont un bord convexe et 58 un bord concave. On remarque également 11 racloirs sur éclats, dont 3 à bord rectiligne et 8 à bord concave; de plus, 4 racloirs à bord rectiligne, à pédoncule, 4 racloirs-perçoirs dont 1 très concave, 1 racloir utilisé sur les 2 bords rectilignes, 1 racloir sans encoches, 1 racloir concave bifacialement retouché, 1 racloir rectiligne avec coup de burin transversal, 1 racloir à bord sinueux (de gaucher) et 3 racloirs irréguliers. De plus, 44 fragments de racloirs ont été identifiés.

Un racloir à bord convexe et à bout fragmenté a été trouvé dans le prolongement d'un manche à logette ouverte, et un autre a été trouvé avec le manche. Sauf indication contraire, tous les racloirs ont des encoches bilatérales. La plupart sont polyvalents. Le bord bifacialement retouché aurait pu être utilisé comme couteau, mais la position sur le

manche favorisait surtout l'emploi de l'outil comme racloir. L'angle du côté fonctionnel par rapport à l'axe du manche (calculé comme perpendiculaire à une ligne passant par le milieu des encoches) varie entre 0° et 65° (pour une moyenne de 37°) pour les racloirs à bord rectiligne, entre 15° et 57° (pour une moyenne de 41°) pour les racloirs à bord convexe, et de 5° à 60° (pour une moyenne de 34°) pour les racloirs à bord concave. Il est évident que plus l'angle est grand, plus la pression, lors de l'utilisation du racloir, s'exerce dans la direction de l'axe du manche, donc moins le racloir a besoin d'être fortement attaché pour éviter le démanchement.

Burins et chutes de burins (7)

Comme on pouvait s'y attendre, le nombre des burins provenant de N73 est réduit. Trois sont à encoches bilatérales, dont un porte des traces de polissage et le dernier est à lamelle; un est un burin-perçoir; et un est un mini-burin (13 x 10 x 3) trouvé seulement à -14 cm. On a aussi un burin-perçoir d'axe, et un burin d'axe poli du type transitionnel « Avinga » (Maxwell 1973 : 17, Pl. 25F) et a été trouvé à -42 cm. De plus, 5 éclats dont 1 en quartz ont été retouchés avec coup de burin. Enfin 6 chutes de burin ont été trouvées, dont 2 primaires.

Simili-burins (201)

Parlant des simili-burins du site Loon, Maxwell (1973 : 97) écrit : « Their presence in this assemblage and in the five-hundred-year earlier Closure site in association with true burins and burin spall tools indicates that they are as early in the Eastern Arctic as the true burin and play a different functional role. » On a vu qu'à N46, site du Dorsétien ancien, les burins et les simili-burins coexistent, même si les premiers sont encore beaucoup plus nombreux que les seconds. A N73, site plus récent ou les simili-burins prédominent de loin, la remarque finale de Maxwell est encore valable : les deux outils ont des fonctions différentes. C'est pourquoi nous avons été surpris de lire dans l'ouvrage récent de Schledermann (1990 : 19) qu'il n'utilisait pas le terme « burin-like tool » parce que, dit-il : « there is insufficient reason to categorize ground burins, at whatever stage of development of grinding and polishing, in a way that implies a different function than that usually ascribed to burins. » Il nous semble en effet que ce qui fait le burin, c'est le « coup de burin » qui produit une arête vive en biseau. Il est exact que certains simili-burins, dont le tranchant a été un peu émoussé par le polissage aient pu jouer le rôle de burin sur des pièces d'ivoire ou d'andouiller préalablement ramollies par un bain dans l'urine. Mais ce n'est pas le cas pour la grande majorité des simili-burins, du moins à Nunguvik.

Dans la catégorie assez réduite des simili-burins qui jouent un rôle de burin, on peut placer ceux que Maxwell (1985 : 92) appelle « Igloolik angular » et dont Meldgaard (communication personnelle) pense qu'ils étaient plus spécialement utilisés pour creuser la logette des têtes de harpon dorsétiennes. On pourrait peut-être diviser cette catégorie en deux variétés : la première est celle des simili-burins d'axe au sens strict, c'est-à-dire ceux qui se terminent par une pointe à peu près dans l'axe. A ce type appartient un burin dont la base est fragmentée. Sur un des deux bords, on y distingue la trace d'un ancien coup de burin encore visible sous le polissage et qui le rapproche beaucoup du burin de type « Avinga » mentionné plus haut. Un burin trouvé emmanché, appartient également à ce type (Planche 12a), ainsi qu'un autre qui est

cependant un peu moins symétrique.

L'autre variété comprend les pièces également étroites mais dont la pointe, légèrement oblique, semble cependant destinée à creuser une logette. À cette variété d'« Igloolik angular » appartiennent deux dont les bases sont à encoches, un qui ne porte ni encoches ni cran, ainsi que deux pièces à base fragmentée.

Tous les simili-burins ci-dessus mentionnés, qu'ils soient à encoches ou à base non modifiée, sont destinés à être employés avec des manches à fente distale, comme le montre un example trouvé avec son manche. Aucune de ces pièces n'est donc faite pour être utilisée avec un manche à support, comme le montre bien un dont les stries d'utilisation transversales sont visibles sur les deux faces. Le fait que plusieurs des pièces mentionnées ci-dessus sont fragmentées montre qu'elles ont été soumises à une très forte pression latérale comme dans le cas des burins.

Par contre, la très grande majorité des simili-burins ont été conçus pour un usage très différent. Soixante-neuf (69) d'entre eux ont un cran sous le bord coupant, ceci indiquant qu'ils sont faits pour être utilisés avec un manche à support latéral. La principale caractéristique de tous ces simili-burins, presque sans exception, est qu'une face porte toujours des traces d'abrasion transversales alors que, sur l'autre face, ces traces sont presque toujours longitudinales. Il est clair en effet que ces stries longitudinales sont des stries de fabrication, tandis que les stries transversales sont des stries d'utilisation, comme le montre parfois une sorte de gouttière sur la partie proximale de la pièce, gouttière qui se prolonge souvent sur le manche. L'angle distal latéral du simili-burin est la plupart du temps obtus, parfois droit, exceptionnellement aigu et ne semble guère capable de jouer le rôle de burin; il est même assez souvent arrondi. De plus le bord distal ne semble pas avoir été très utilisé; les stries qu'on y trouve sont même parfois des stries de fabrication perpendiculaires au bord. Il ne semble pas que ce bord distal ait pu jouer le rôle de burin. Tout indique, en effet, que la pièce fonctionnait surtout, selon l'expression de Bryan Gordon (communication personnelle), comme un « shaver », c'est à-dire un rabot. Le bord latéral était en effet entièrement biseauté et dans plusieurs cas transformé en lame. Ces biseautage et affûtage latéraux n'auraient pas eu beaucoup de raison d'être, s'il s'était agi d'un burin. Des déchets de pièces d'andouiller coupées semblent confirmer cette interprétation; la coupe en V semble en effet indiquer que l'outil n'était pas tenu perpendiculairement à la pièce à couper mais incliné. Il est possible que l'artisan dorsétien, lorsqu'il voulait couper une pièce épaisse, l'attaquait alternativement de chaque côté, c'est-à-dire en la faisant tourner de 180°.

Au total, en plus de ces simili-burins et des 69 objets de type rabot, on compte aussi 6 autres pièces à encoches bilatérales, dont 1 utilisée comme plissoir, 4 autres à angle arrondi, 1 oblique à encoches, 3 plissoirs à cran, 1 simili-burin de gaucher, 1 pièce polie longitudinalement sur les deux faces et non utilisée, 1 outil très étroit avec coup de burin, 1 mini-simili-burin et, enfin, 33 ébauches et 71 fragments.

Comme on l'a indiqué pour les similiburins de N76, le matériau utilisé à peu près exclusivement pour les pièces similaires de N73 est le quartzite.

Nucléus (164)

Au total, 164 nucléus ou fragments de nucléus ont été trouvés, dont 44 nucléus à microlames. Treize (13) étaient retouchés en grattoirs et 2 avaient été utilisés comme pierres à feu. Cent-dix-sept (117) de ces nucléus étaient en silex, 40 en quartz et 7 en quartzite.

Autres pièces en silex, quartz ou quartzite (17)

Parmi les autres pièces en silex ou en quartz bifacialement retouchées découvertes dans N73, on trouve 4 perçoirs (beaucoup d'autres éclats retouchés ont dû également remplir le même rôle), 3 plissoirs à bout poli (« boot creaser »), une pièce rectangulaire à extrémités polies a pu jouer le même rôle et 9 pièces à bout mousse qui ont pu être utilisées comme assouplissoirs; ce sont parfois des lames à encoches dont le bout est fragmenté. Mentionnons qu'à Saatut une telle lame a été trouvée dans son manche, montrant que l'outil a continué à être utilisé après cassure. Ce sont ces pièces que Plumet (1985 : 264-65), dans son étude de la maison D à Qilalugarsiurvik, compare à celles qu'il a trouvées dans cette maison longue. Il semble assimiler plus ou moins leurs fonctions à celles de 2 lames en ardoise du genre « ulu » trouvées dans N46 et N76.

Ont été également trouvés 56 fragments de bifaces dont 6 en quartz, 12 fragments d'unifaces et 8 pierres à feu. Le silex le plus souvent utilisé dans N73 est généralement gris clair ou foncé, parfois noir. On trouve aussi assez souvent des pièces à bandes grises et blanches et parfois des pièces mouchetées. Quelques rares pièces en calcédoine rose ou beige rappellent celles qu'on trouve à Igloolik.

Pièces en ardoise ou serpentine (21)

Une lame entièrement polie du genre « ulu » a été trouvée avec son manche en bois. Elle est de forme triangulaire à bout parfaitement arrondi et possède 2 encoches bilatérales à la base ainsi que 2 autres encoches près de la partie arrondie. Le fait qu'un second manche pour une lame de ce genre ait été trouvé dans N73 et qu'une lame presque identique ait été trouvée dans N46, ainsi qu'une autre lame à bout arrondi et une lame spatulée, montre qu'il s'agit bien là d'un type traditionnel, bien que rare, de la culture dorsétienne.

La plupart des autres pièces, partiellement ou entièrement polies, sont des lames du genre habituel : une lame à encoches bilatérales, 2 lames à pédoncule, une pointe triangulaire à base concave, une petite lame à bout arrondi et esquillé, une lame en serpentine à encoches bilatérales transformée plus tard en simili-burin, un bout de lame polie en serpentine, 2 pointes de lames polies dont une à facettes, un fragment de lame à encoches larges, un fragment de lame à 3 encoches bilatérales et 7 autres fragments de lames polies. De plus, une lame d'herminette ainsi qu'un fragment d'une lame similaire.

Aiguisoirs-polissoirs (16)

Seize spécimens ont été trouvés. La plupart sont de forme à peu près rectangulaire. Le matériau préféré semble avoir été le grès rougeâtre, parfois gris violacé, rarement le quartzite. La plupart du temps, seuls les bords de la pièce ont été utilisés, beaucoup plus rarement l'une des faces plates. Un seul exemple de rainure sur une face – fréquent au prédorsetien – a été remarqué.

Stéatite (1)

Un récipient ovale en stéatite (138 x 103) a été découvert écrasé sous la pierre plate qui le recouvrait. Un autre récipient ovale presque complet comportant des traces de carbonisation et d'ocre rouge a été trouvé en 3 morceaux. Une petite lampe ovale (41 x 29) en stéatite gris pâle était incrustée de quelques fragments de pyrite. Ont été également découverts : une petite lampe jouet ovoïde non terminée fait de « miqusak », sorte de stéatite fibreuse ressemblant un peu à du poil; une petite lampe ovoïde inachevée (85 x 54); une petite lampe ou godet épais, à peine dégrossi (65 x 45); une petite lampe presque complète en 2 morceaux; un fragment arrondi transformé en lampe jouet; un fragment épais arrondi en godet ou lampe; une moitié de petit godet ovale; une partie de récipient ovale en 7 morceaux; 2 fragments de petites lampes ovales; un large fragment peu incurvé (172 x 70) avec rainures sur 2 faces; une petite pierre oblongue avec 2 rainures parallèles et traces d'ocre rouge; un fragment de stéatite retouché et utilisé comme polissoir; enfin 167 fragments de récipients en stéatite dont 7 exhibent des traces d'ocre rouge.

La plupart des pièces examinées semblent provenir de lampes ou de godets ovales ne dépassant guère 15 cm de longueur. Cependant un fragment provient probablement d'un récipient à fond plat et 2 autres d'un récipient dont les bords sont à angle obtus.

Divers (2)

Un percuteur en pierre, et une nodule de chalcopyrite (100 x 77 x 44 et 706 grammes) qui semble avoir été utilisée.

Déchets de fabrication (21 694)

Un total de 21 694 éclats divers ont été recueillis, dont 17 840 en silex, 1621 en quartzite, 2187 en quartz et 46 en ardoise. Un certain nombre portent des marques d'utilisation.

Pièces en os, ivoire et andouiller

Pièces sculptées (24)

- une statuette à longues oreilles (« femme-louve ») (42 x 12), façonnée à partir d'ivoire de morse;

- une statuette à longues oreilles (« femme-louve ») (39 x l2), en ivoire de narval;

- un petit masque sculpté (30), fait d'ivoire de morse, trouvé avec la pièce suivante;

- un petit masque sculpté sur 2 faces (40), en ivoire de morse;

- un morceau de semelle de patin avec face humaine, en ivoire (Planche 16c);

- une pièce d'ivoire de narval avec face gravée (72 x 10);

- une pièce stylisée (34 x 10,5) représentant probablement un faucon et présentant sur l'aile, une face humaine (chaman emporté par son esprit, vol magique ?);

- une figurine façonnée à partir d'andouiller et représentant un ours sortant de l'eau sur la glace (57), avec fente sur le dos et entre les pattes, 3 traits sur le cou, 3 chevrons sur les flancs et trou de suspension ;

- une petite tête d'ours ornée (25 x 8), avec perforation (Planche 19d);

- un petit ours (33) avec une marque en X sur la tête et un trou de suspension; l'objet, en d'ivoire, est abîmé;

- une petite figurine d'ours stylisé (24 x 8,5), en ivoire;

- une tête de morse à défenses longues se touchant aux extrémités (46), en ivoire;

- un fragment de tête de morse avec une défense (28), en ivoire;

- une petite tête de morse (15 x 5) avec trou de suspension, en ivoire (Planche 19b);

- une pièce à deux têtes (ours et morse), avec trou central et façonnée à partir d'ivoire de morse;

- une pièce à 2 têtes (ours et morse), avec trou central, rainure en V sur la tête de l'ours, deux rainures transversales sur le morse, en ivoire;

- un petit phoque en ivoire (26 x 6 x 4,5) avec, sur le dos, une série rectiligne de 10 points et 1 trait, sur le ventre, les orifices naturels du corps, sous la gorge, une cavité oblongue et, sur les côtés, des traits indiquant les nageoires et les doigts;

- un petit phoque (27 x 7x 4,5) avec trois points sur le ventre et un trou sous la gorge (Planche 19a);

- un petit phoque sculpté (abîmé) sur ivoire;

- un petit phoque avec perforation (36), fait sur dent de morse;

- une petite tête d'animal à museau plat et allongé, sans oreilles (phoque?), en ivoire;

- une petite baleine franche (18 x 7 x 4,5) avec trou de suspension sur le ventre, en ivoire (Planche 19c);

- une petite pièce sculptée représentant peut-être un pied ou une patte;

- un fragment de petite pièce à double ovale, en ivoire.

On notera que les représentations humaines prédominent, mais dans une proportion beaucoup moins grande que ce que l'on peut voir dans les sculptures sur bois. En général, l'ours et le morse ont ensuite la place d'honneur, suivis du phoque. La baleine franche, par contre, est une exception dans la sculpture dorsétienne.

La dernière pièce de la liste est un fragment d'un objet similaire à celui que McGhee (1981 : 75, Pl.13A) à trouvé au site dorsétien tardif de Snowdrift, et à celui que Schledermann (1990 : 250, Pl.44h) appelle « goggle-shaped carving » provenant du site dorsétien tardif de Cove, sur la Péninsule de Knud (côte est d'Ellesmere).

Parmi les pièces les plus intéressantes se trouvent les 2 petites statuettes de ce que nous avons appelé les « femmes louves ». Le fait que le corps est nu semble écarter la probabilité d'une représentation du capuchon à oreilles d'animal, tel que celui que Petitot (1887) a décrit pour les Inuvialuit des bouches du Mackenzie. On peut rapprocher cette trouvaille de celle de bâtonnets se terminant par une tête cornue dont quelques exemplaires ont été trouvés à Button Point, Saatut et Nunguvik 76 et qui font penser aux hommes-loups dont parle le folklore de certains groupes esquimaux.

Il faut aussi mentionner le grand intérêt de la pièce qui représente probablement un faucon avec une face humaine sur l'aile. Qu'elle représente le vol magique du chamane emporté par son esprit nous paraît une hypothèse assez raisonnable.

Têtes de harpon (73)

La typologie que nous suivons ici est toujours celle que Meldgaard (communication personnelle) a adoptée pour les têtes de harpon de la région d'Igloolik.

Type A

Plusieurs têtes de harpon de ce type sont incomplètes et ne peuvent être déterminées plus précisément; telles sont : 1 en ivoire de narval, 1 à rainure transversale de ficelage, 1 en ivoire de narval et très abîmée, 1 en andouiller, 1 en andouiller et à côtés parallèles, 1 en andouiller, et 1 en ivoire de morse et avec rainures de ficelage de chaque côté de la perforation (Planche 7i). Trois autres fragments appartiennent aussi à ce type A.

Type A 21 (« Tyara sliced » de Taylor 1968)

Deux spécimens en ivoire de narval appartiennent à ce type à logette fendue.

Type A 22

Deux objets, en ivoire de narval appartiennent à ce type.

Type A 24

Un seul exemplaire, à ergots parallèles et en ivoire de narval.

Type C

Un seul exemplaire de ce type a été trouvé et ce, à seulement 25 cm de profondeur.

Type D

Quatre spécimens incomplets font partie de ce type, sans plus de précision. Il s'agit d'une à base large, 1 en andouiller, 1 mince et portant une marque de propriété (Planche 7j), et 1 qui est un morceau d'ivoire de morse préparé pour la confection d'une tête de harpon de ce type. Notons aussi qu' un objet est une pièce de réparation pour tête de harpon de type D.

Type Da6

Un seul spécimen correspond à ce type.

Type Db

Il s'agit d'un exemplaire dont un ergot est fragmentaire.

Type Db8

Une est en ivoire de narval, 1 est en andouiller et très abîmé, et 1 sans chafrein, est également en andouiller.

Type E

Cinq têtes de harpon et 6 fragments appartiennent à ce type. Une est en ivoire de morse; 1 (Planche 7m) en ivoire; 1 est une moitié proximale de tête avec ergots divergents marqués d'une série de crans sur leur crête; 1 est une tête à ergots divergents marqués également d'une série de crans; et, enfin, 1 en ivoire de narval est du type E14 ou 15.

Type F

Un exemplaire (Planche 7o) est en andouiller, avec ergots ébréchés.

Type G

Un spécimen (Planche 7n) possède une rainure partant d'une des deux perforations parallèles en direction de la partie distale comme pour maintenir une lame perforée en ardoise ou en métal.

Types de têtes de harpon inédits

Une, trouvé à l'entrée de N73, est très légèrement asymétrique; la pointe et une partie de la base manquent; il semble avoir eu une logette ouverte. Une autre est la moitié longitudinale d'une tête ressemblant au type D, mais ce qui reste de la fente distale montre qu'elle était dans le même plan que la perforation. Une, en ivoire de narval, est d'un type à double perforation axiale dérivé de A 24 (Planche 7h).

Fragments de têtes de harpon non identifiables

Douze fragments non identifiables ont été trouvés, dont un comporte une rainure de ficelage entre la perforation et les ergots. Sept triangles de déchets de fabrication de têtes de harpon ont été également récupérés.

Têtes de harpon jouet (13)

Cette catégorie tient compte des objets d'une longueur inférieure à 40 mm. Une, en ivoire (34 x 9 x 3), est du type A 22 et a pu être utilisée; on y trouve 3 traits obliques parallèles qui sont peut-être des marques de propriété. En ivoire, une ne comporte pas de logette et a une perforation inachevée; la partie distale présente une imitation de lame denticulée. Un spécimen est une petite ébauche en ivoire de forme triangulaire allongée; le triangle de la base est encore en place. Une, en ivoire de morse, est de type E à ergots évasés. Une, de type A, n'a pas de logette. Une autre de type A est légèrement asymétrique mais la pièce est fonctionnelle. Une, en ivoire, est de type A 24. Une de type Da 4, a une base arrondie, mais sans logette. Une en ivoire de narval est de type E très étroit; une est de type E mais sans logette ni fente distale. Une est une petite tête à logette ouverte avec rainure de ficelage. Une, en ivoire, est une petite tête à logette ouverte. Enfin, une est une tête de harpon jouet correspondant au type A.

On constate que, pour les harpons jouets, les Dorsétiens avaient souvent le choix entre s'abstenir de creuser une logette fermée ou rendre la pièce fonctionnelle en revenant au type à logette ouverte de leurs ancêtres.

Il est naturellement possible que ces pièces cataloguées comme jouets aient une signification qui nous échappe.

Tête de harpon ornée (1)

Un spécimen en ivoire de morse, du type E à ergots divergents, possède aussi une série de petits crans sur la crête des ergots. La partie distale supérieure, brisée, a été trouvée à 4,50 m de l'autre partie. Elle est ornée d'une face humaine. Meldgaard a trouvé dans la région d'Igloolik plusieurs têtes de harpon ornées du même type, dont une portant une face humaine et provenant d'une tombe d'Alarnerk. Une autre tête de harpon du même type ornée d'une face humaine, mais sur la partie inférieure de la pièce, provient d'une collection que nous avions rapportée de Hall Beach (Sannirajaq) en 1962 et qui provenait d'un site de la fin du Dorsétien. A propos de cet objet et d'autres mentionnés plus haut, il semble que les pièces à ergots divergents sont beaucoup plus fréquentes à Nunguvik qu'à Igloolik.

Harpons barbelés (29)

Un total de 29 harpons barbelés, complets ou fragmentaires, ont été recueillis. Tous ces harpons portent des barbelures asymétriquement disposées de chaque côté et ont généralement une base biseautée avec perforation sur le côté. Une pièce en ivoire porte des barbelures très acérées, mais la grande majorité de ces harpons semblent avoir été jetés au rebut parce que trop usés. En effet, c'est tout juste si, sur certains d'entre eux, l'on reconnait la base des barbelures. Le nombre de ces dernières est très variable : il ne semble pas que, sur ce point, les Dorsétiens aient eu un modèle préféré. Pour les harpons suffisamment bien conservés, voici le nombre des barbelures à chaque côté par pièce : 2/0, 4/4, 5/5, 6/4, 4/3, 4/4, 3/3, 3/3, 3/3, 4/4. Dans trois cas, la base des harpons est ornée de chevrons. Lorsque le materiau utilisé a pu être identifié, l'ivoire de morse semble avoir été préféré dans 6 cas, l'os et l'andouiller dans 3 cas chacun et l'ivoire de narval dans 2 cas. Un petit harpon barbelé en os de côte de caribou est probablement un jouet.

Tête de lance (1)

Une seule tête de lance en ivoire a été découverte (176 x 31). Elle a une logette ouverte, une partie distale arrondie, un bord coupant et une fente pour une armature latérale. Comme nous l'avons fait remarquer plus haut, il est possible que les lances à pointes pédonculées aient remplacé à Nunguvik les lances en ivoire.

Aiguilles (107) & côtes de caribou (162)

Douze aiguilles complètes proviennent de N73, dont 3 à tête ronde, 5 à tête carrée arrondie et 4 à tête carrée. De plus, parmi les 95 fragments découverts, 31 sont des têtes d'aiguilles, dont 2 sont pointues, 8 rondes, 8 carrées arrondies et 13 carrées. Trois aiguilles ou fragments d'aiguilles sont à chas médian (peut-être s'agit-il d'hameçons à mouettes). Une longue aiguille sans chas a également été trouvée ainsi qu'une aiguille inachevée, large et plate.

La principale particularité des aiguilles de N73 et de Nunguvik en général est qu'elles proviennent toutes de côtes de caribou et plus précisément de la partie concave ou intérieure de la côte de caribou, peut-etre parce que cette partie intérieure était moins rugueuse ou plus résistante que l'autre. Les déchets de fabrication ne laissent aucun doute sur ce point. Des 162 morceaux de côtes coupées longitudinalement, 149 sont des parties convexes de côtes qui ont été rejetées, alors que les 13 autres n'ont pas encore été utilisées. On trouve d'ailleurs des parties concaves de côtes à tous les stades de fabrication : des parties de côtes coupées, dégrossies et polies , des pièces concaves avec rainures longitudinales sur une ou deux faces ou comportant une ébauche d'aiguille. Nous n'avons pas entendu dire que de telles constatations aient été faites dans d'autres sites dorsétiens, ou les aiguilles sont généralement considérées comme provenant d'os d'oiseaux, mais nous ne serions pas étonné d'apprendre qu'ailleurs aussi on trouve des aiguilles en côte de caribou, ce qui explique d'ailleurs la forme souvent incurvée de l'aiguille dorsétienne.

Semelles de patin (142)

Le grand nombre de semelles de patins provenant de N73 semble indiquer un usage fréquent du genre de petit traineau dont une partie importante a été recouvrée au même site. Ont été récoltées 75 specimens de ces semelles, dont 46 en ivoire de narval, 14 en andouiller, 5 en ivoire de morse et 3 en os de baleine, sans compter 67 fragments divers. La plupart de ces objets appartiennent au même type à profondes rainures longitudinales et perforations au centre. Elles sont de longueurs variées allant de quelques centimètres à une vingtaine, tandis que la largeur varie de 16 à 31 mm, plus généralement de 19 à 24. La moyenne pour 65 pièces est de 21,2 mm. À N73, on trouve aussi un autre genre de semelle de patin, la semelle en fanon de baleine qui atteint parfois 1 m de longueur.

Les 3 pièces en os de baleine mentionnées plus haut correspondent à peu près au modèle habituel, mais les dimensions sont plus grandes : une qui mesure 146 x 30 x 19, est donc surtout plus épaisse que le modele habituel; une autre avec dimensions de 196 x 40 x 16 est surtout plus large, de même qu'une dont la longueur dépasse de loin celle des pièces en ivoire ou en andouiller

(485 x 42 x 12). Un autre fragment de semelle de patin en os de baleine a également été trouvé, mais celui-là, large de 63 mm, était du type thuléen et se trouvait à une profondeur de 6 cm.

Le fait que l'ivoire de narval ait été employé beaucoup plus fréquemment que les autres matériaux dans la confection de ces semelles de patin n'implique probablement pas de la part des Dorsétiens une préférence, mais plutôt la disponibilité, les narvals étant probablement, alors comme aujourd'hui, beaucoup plus nombreux dans la région que les morses. Le nombre de ces semelles de patin semble indiquer que N73 était habité pendant la plus grande partie de l'hiver.

Instruments en métatarses de caribou (IMC) (116) et négatifs (251)

De tous les objets utilisés par les Dorsétiens de Nunguvik et également de Saatut, le plus caractéristique est sans contredit l'instrument en métatarse de caribou (Rousselière 1984). Cet instrument, signalé pour la première fois par Graham Rowley dans la région d'Igloolik (Rowley 1940 : 192 et Fig. 1f) est obtenu par rainurage de la face antérieure du métatarse à partir de l'extrémité proximale où se trouve la base et se termine, près de l'épiphyse, la plupart du temps en pointe ou en ciseau. Sauf pour une perforation souvent pratiquée près de la base, il est à peine retouché par la suite, si bien que l'os dont il est extrait porte en creux, la plupart du temps, la forme de l'outil, d'où le nom de « négatif » que nous lui avons donné .

L'IMC semble avoir été surtout utilisé pour achever un animal ou le remorquer en kayak, ou encore comme aiguille à poissons. Il ne semble pas avoir été employé habituellement, du moins à Nunguvik, comme préhampe de harpon, ainsi qu'on l'a parfois suggéré. Le nombre des pièces ébréchées suggère qu'elles étaient surtout utilisées pour la percussion.

Des 22 pièces à peu près complètes qui ont été conservées, 15 portent une perforation, 5 se terminent en pointe, 2 ont une extrémité arrondie, une en « tourne-vis »; les autres sont brisées ou très abîmées. L'examen des fragments divers recueillis est plus concluant. Sur 94 fragments, 35 sont des parties distales d'IMC; 25 d'entre elles se terminent en pointe parfois très effilée, 4 sont en pointe arrondie, 2 en bout carré, 1 en bout carré arrondi, les autres sont très abimées. Sur les 33 parties proximales recueillies, 23 portent la perforation habituelle.

Le nombre des « négatifs » est de 251, dont 150 complets. On verra plus loin que beaucoup de pièces extraites de ces négatifs ont échoué plus tard au site de Saatut où on les trouve en grand nombre. On a pu interpréter ces « négatifs » comme des outils à gratter les peaux (« beaming tools ») tels que ceux qu'on trouve à Ipiutak (Larsen & Rainey 1948 : 88 et P1.44$_6$) ou à Birnirk (Ford 1959 : 194) et que Boas (1907 : 90-91) illustre pour la côte ouest de la Baie d'Hudson. Or on ne trouve aucun signe d'utilisation sur les spécimens de Nunguvik.

Contrairement à ce qu'on pourrait penser, l'utilisation de l'IMC, qui tient une si large place à Nunguvik, ne semble pas s'être répandue dans les autres sites dorsétiens de la région et l'endroit où l'on en a trouvé le plus grand nombre d'exemples n'est pas, avec la seule exception des deux trouvés par Rowley et Meldgaard dans les sites voisins de la région d'Igloolik, mais bien à Tyara, au sud du Détroit d'Hudson, où Taylor en a trouvé

dix (Taylor 1968 : 55). Jordan en a également découvert un sur l'ile d'Avayalik, au nord du Labrador (Jordan 1980 : 620). En tout, c'est fort peu, quand on pense au nombre des sites dorsétiens fouillés jusqu'ici.

Plusieurs pièces diverses ont également été extraites d'IMCs et de négatifs. On en compte 17. La plupart sont des alènes ou poinçons. L'une d'entre elles, perforée, a pu être une aiguille à poissons. Une autre présente des extrémités mousses.

Autres poinçons ou alènes (55)

La collection contient également 55 pièces en os, en ivoire ou en andouiller qu'on peut ranger sous l'appellation de poinçons ou d'alènes. Dix-huites sont en os, 18 en andouiller et 10 en ivoire. L'une de ces pièces, très petite et très fine, a pu servir d'aiguille à tatouer. Trois alènes sont perforées et 3 pièces en andouiller sont incurvées. On note aussi 2 poinçons en côtes de caribou et un fragment de tête de harpon retouché en poinçon. Une autre pièce plate, en os, se termine en bout mousse.

Pièces en radio-cubitus de caribou (47) & déchets caractéristiques (76)

On trouve aussi à Nunguvik une autre série d'instruments en os de caribou : ceux qui sont fabriqués à partir du radiocubitus et qui étaient prélevés sur la partie proximale de l'os, un peu plus bas que l'olécrane. La forme de ces pièces peut varier, mais on les reconnait en général au fait qu'elles possèdent habituellement une partie creuse ou qu'on retrouve à la surface une partie de la rainure qui sépare le cubitus du radius. Le plus souvent, l'outil se termine à l'extrémité la plus large en forme d'angle assez ouvert, atteignant parfois 90°, tandis que l'autre bout est en forme de pointe plus ou moins émoussée. Cet instrument, dont les deux extrémités portent généralement des traces d'utilisation par percussion, a pu être employé comme poinçon, chasse-lames ou retouchoir.

On possède 31 exemplaires de cet outil multiforme, dont deux portent des rayures transversales sur une face, un présente des pointes aux deux extrémités, un autre a un bout biseauté et l'autre mousse, deux ont un bout martelé ou arrondi. Seize fragments ont également été identifiés ainsi que 76 déchets de fabrication caractéristiques de radio-cubitus.

Contrairement à la plupart des autres site dorsétiens, on constate donc à Nunguvik l'importance peu ordinaire accordée à la fabrication de l'outillage en os de caribou et tout particulièrement du métatarse et du radiocubitus, Or si l'on considère le site de chasseurs magdaléniens de Pincevent, en France, ou un grand nombre d'os de renne (caribou) ont été découverts, on s'aperçoit que les parties les mieux conservées ont été précisément la diaphyse du métatarse et la région articulaire proximale du radio-cubitus (Leroi-Gourhan et Brézillon 1972 : 301), c'est-à-dire les parties justement utilisées par les dorsétiens, probablement parce qu'elles étaient les plus résistantes.

Pièces en sternum de caribou (68)

Les Dorsétiens de Nunguvik semblent avoir également utilisé un os de caribou rarement employé par les Inuit : le sternum. On trouve en effet à N73 un assez grand nombre de pièces provenant de cet os : 68 en tout. L'os était découpé en suivant la ligne médiane puis débité transversalement. La plupart des pièces, une douzaine au maximum, ainsi obtenues ne dépassaient pas 4 à 5 cm, et l'on ne voit guère à quoi elles pouvaient servir, sinon peut-être comme « pions » dans un jeu ou comme amulettes.

Omoplates de caribou coupées (24)

La partie mince de l'omoplate de caribou semble avoir surtout servi à la confection de petites boîtes. Les côtés de ces boites semblent avoir été le plus souvent en andouiller, le fond et le couvercle en omoplate. (voir paragraphe suivant). On trouve également d'autres plaques circulaires ou ovales ou des « boutons ». A N73, les omoplates de caribou découpées, pour l'enlèvement d'une partie, sont au nombre de neuf; les fragments extraits d'omoplates, au nombre de quinze.

Parties de boîtes composites (16)

Les boîtes composites sont parmi les pièces les plus caractéristiques du Dorsétien. Elles ont pu contenir, non seulement des amulettes ou des aiguilles mais aussi d'autres objets comme les rouleaux de fil de fanon ou d'écorce que collectionnaient les dorsétiens. Ces boîtes étaient composées de côtés en andouiller, souvent légèrement incurvés et de fonds et couvercles en omoplate de caribou. À N73, les côtés en andouiller sont au nombre de 10. Une pièce a des trous de ficelage et des rainures intérieures transversales à chaque bout pour le maintien des pièces en omoplate; 1 possède un petit appendice perforé à un bout, de même que 3 possède une rainure transversale sur les deux faces (Planche 20k).

En ce qui concerne les pièces en omoplate, une est une pièce quadrilatérale (26 x 27) dont 2 bords sont arrondi, les 2 autres ondulés, et elle possède une perforation centrale. Une autre (24 x 25), similaire à la précédente, a 2 bords arrondis et 2 bords rectilignes ainsi qu'une perforation centrale; on a aussi une pièce arrondie et perforée (22,5 x 22), une pièce arrondie (22,5 x 22,5), une pièce ovale perforée (24 x 17), et une pièce arrondie et perforée.

Supports pour manches de simili-burins (36)

La pression exercée lors de l'utilisation du simili-burin étant très forte, celui-ci ne pouvait être emmanché comme un couteau ou un racloir. Une solution consistait à prolonger la partie distale du manche de façon à soutenir le dos du simili-burin, tandis qu'une petite pièce, habituellement en bois, placée en avant, empêchait la base de pivoter. Mais la façon de procéder la plus habituelle était de placer, sur le côté du manche et partiellement dans le manche, un support en andouiller ou en ivoire dans lequel était encastré le dos du simili-burin et qui l'empêchait de basculer. La plupart possédaient donc une fente pour le simili-burin et souvent, à l'autre extrémité, une encoche. Parfois, pour maintenir la pièce en place, la partie proximale du support portait une perforation correspondant à une perforation similaire dans le manche en bois permettant ainsi d'y glisser une petite lanière de fixation.

On possède 25 de ces supports ainsi que onze fragments. Environ les deux-tiers sont en andouiller et un peu moins du tiers en ivoire de narval. L'un d'entre eux a été trouvé avec son simili-burin et son manche. L'un de ces supports devait faire partie d'un manche double, car un bout possède une fente pour simili-burin et l'autre une fente pour micro-lame. Ce sont apparemment des pièces de ce genre qui ont été décrites comme des manches de couteaux (« knife handles ») par Taylor et McGhee (1979 : 110-111, Pl.15E) puis par McGhee (1981 : 66, Pl.17d-g).

Pré-hampes de harpons (6)

Fort peu de pré-hampes complètes ont été trouvées à Nunguvik, ce qui pourrait suggérer que certains IMC à bout carrés ont été utilisés dans ce but. Mais s'il en était ainsi, on s'attendrait à ce que l'autre extrémité de la pièce soit modifiée en conséquence; ce qui n'est pas le cas. On a une préhampe en ivoire de morse du type C de Meldgaard, une petite préhampe jouet en ivoire de morse avec perforation, et deux bases de préhampe dont une en ivoire de narval et deux autres fragments.

Ciseaux à glace (7)

Les sept ciseaux à glace identifiés à N73 sont presque tous en andouiller. Un a une base biseautée avec des rayures en diagonale; le bout est arrondi et creusé, tandis qu'un autre a une partie distale en forme de coin et qu'un, en os d'ours, se termine en pointe trièdre acérée.

Têtes d'herminettes (7)

Quatre têtes d'herminettes à peu près complètes ont été trouvées à N73 ainsi qu'un fragment et deux ébauches. La plus grande mesure 80 x 61 mm, la plus petite 49 x 44 mm. Toutes sont en andouiller.

Couteaux à neige (13)

Aucun couteau à neige complet n'a été découvert à Nunguvik, mais treize pièces, dont trois manches, semblent bien avoir appartenu à des couteaux à neige. Presque toutes sont en andouiller. Un est une lame assez épaisse mesurant 204 x 26 mm; le bout arrondi est aminci et le bord concave est aiguisé; la base porte des rainures facilitant la fixation au manche. Un est un bout arrondi de lame à bords coupants; un semble être le bord d'un couteau en ivoire de morse et un est probablement le manche en andouiller d'un couteau à neige, de même qu'un qui porte une perforation à la base. Enfin on a très probablement un petit couteau à neige jouet en ivoire.

Percuteurs (28)

Une assez grande quantité de percuteurs ont été recueillis. Ceci reflète en partie l'importance de cet outil dans le travail du silex, mais aussi le fait, qu'en raison de sa forme et du matériau utilisé, l'outil se conservait facilement. La longueur de ces pièces varie entre 45 et 145 mm. La plupart d'entre eux sont en os de pénis de phoque ou de morse, le matériau préféré, tandis que quelques autres sont en os de caribou (dont un à partir d'un radio-cubitus). Il est d'ailleurs possible, comme on l'a mentionné plus haut, que plusieurs des outils en radio-cubitus aient été utilisés comme tels.

Coins (11)

Onze pièces ont été cataloguées comme coins. Il n'est pas impossible que certains soient en fait des ciseaux à glace, la différence entre les deux étant parfois légère. Un possède une extrémité très tranchante. Sauf un en os d'ours, presque tous les autres ont été façonnés à partir andouiller; un porte une perforation sur le côté.

Cuillères (5)

Les 5 cuillères découvertes sont toutes étroites et longues et toutes en andouiller. La plus longue a 160 mm; dans tous les cas, la largeur ne dépasse pas 30 mm.

Hameçons à mouettes (5)

Les hameçons à mouettes sont encore utilisés de nos jours par certains Inuit. Nous en avons vu employés par les enfants à Pelly Bay. La forme n'a guère changé depuis l'époque dorsétienne. Elle consiste en une sorte de large aiguille à 2 pointes dont le chas est placé près du milieu. Des cinq qui ont été trouvées, trois sont en os et deux en ivoire de morse; leur longueur varie entre 51 et 99 mm.

Raclettes (5)

Ces pièces que nous ne nous souvenons pas avoir vu en dehors de Nunguvik revêtent la

forme d'un triangle allongé et possèdent un bout large habituellement incurvé et très mince. Elles semblent destinées à un raclage doux et portent parfois une perforation centrale ainsi que 2 perforations jumelles sur le bord aminci. Des cinq exemples en andouiller de la collection (qui ont entre 94 et 104 mm de long, pour une largeur moyenne de 22 mm), deux ne sont pas perforées, un présente des perforations distales et une médiane, une a deux perforations médianes et l'autre est une partie distale coupée portant deux perforations réunies par une rainure près du bord. On peut se demander si cette double perforation distale n'était pas destinée à maintenir une petite lame en métal ?

Tube orné en os (1)

En 1978, un tube orné de perforations, long de 182 mm et vraisemblablement en os d'échassier avait été découvert à N73. Peut-être s'agissait-il d'un de ces tubes dont certains chamanes se servaient pour aspirer la maladie. Ce tube, en séchant, s'était déformé et finalement brisé en deux morceaux. Il fut envoyé à l'Institut Canadien de Conservation pour traitement, mais n'a pu être retrouvé depuis.

Chalumeaux (7)

Certains os creux à l'intérieur desquels on trouve un os plus petit ont vraisemblablement été utilisés comme chalumeaux pour aspirer le bouillon. Sept ont été récoltés.

Pièces diverses (11)

Parmi les diverses pièces en os, en ivoire ou en andouiller, on remarque : un manche recourbé à microlame en andouiller (tous les autres manches à microlame sont en bois); une large pièce recourbée (pic) en os de baleine, probablement thuléenne; une tête de flèche à base biseautée en andouiller (thuléenne); une pointe en ivoire à encoches latérales; une fourche symétrique en andouiller qui pourrait être un support de harpon; un plissoir en ivoire; une aiguille à poissons recourbée ou passe-lacet; une pièce d'ivoire à bout spatulé; une pièce à base large, perforée au centre, à bout étroit; enfin des pièces en bois de jeunes caribous ou de femelles, souvent avec un fragment de crâne, forment une silhouette de caribou. Les jeunes Inuit jouaient souvent avec des pièces de ce genre. Toutes n'ont pas été rapportées. Une dent humaine, 1 canine d'ours, 4 dents de morses, 3 os de pénis de morse, et 2 défenses secondaires de narvals ont également été récoltés.

Pièces non identifiées (291)

Andouiller : 105; ivoire de narval : 44; ivoire de morse : 42; ivoire non identifié : 33; os : 46; os ou ivoire : 21

Déchets de fabrication (858)

Andouiller : 440; os : 138; ivoire de narval : 157; ivoire de morse : 83; ivoire non identifié : 40.

Pièces en bois

Manches de microlames ornés (5)

Un manche à microlame (166 x 14 x 9) est orné à la partie proximale d'une tête d'ours avec perforations et rainures (Planche 16g). Un autre manche à microlame (145 x 18 x 10) possède également la même ornementation à la base. Enfin un troisième manche à microlame (135 x 17 x 11) portant une large rainure circulaire de ficelage a une base où l'on peut également reconnaître une tête d'ours. Un manche à logette ouverte a également une

partie proximale de la même forme . Enfin un manche à large fente distale est orné à la base d'une tête d'oiseau (probablement un plongeon arctique).

Manches de microlames (64)

Avec les 3 manches déjà mentionnés plus haut, ce n'est pas moins de 64 manches, complets ou fragmentaires, portant à la partie distale une fente destinée à une microlame qui ont été récoltés à N73, ce qui semble montrer que ce couteau était probablement l'outil le plus employé dans la vie de tous les jours. Ces manches sont souvent assez longs; le plus long mesure 228 mm, ce qui était probablement plus pratique pour le dépeçage du gros gibier. Certains portent une ou deux rainures de ficelage à la partie distale pour maintenir la microlame. D'autres sont perforés pour porter un fil de suspension. Un seul possédait deux fentes à la même extrémité mais sur des côtés opposés. Quatre spécimens ont été trouvés avec leur microlame. Ces manches sont généralement plus plats que les autres.

Manches à fente distale (29)

Ces manches étaient utilisés pour les lames à encoches bilatérales. Vingt-six ont été trouvés ainsi que trois fragments. La plupart ont entre 125 et 175 mm de long. La largeur est en général de 15 à 20 mm, l'épaisseur de 11 à 13 mm. Un manche est orné de légères encoches sur chaque côté (15+16). Trois manches ont été découverts avec leur lame à encoches, 4 avec des bases de lames brisées, un a été trouvé avec une lame à bout mousse, une autre avec une lame ébréchée (coup de burin?).

Petits manches à bout biseauté et épaulement (33)

Ce genre de manche, de format réduit, habituellement long de 60 à 80 mm, semble avoir été utilisé avec des microlames, et peut-être aussi des perçoirs, pour des travaux de précision. Aucun n'a été trouvé avec l'outil de pierre en position. Un était percé de deux trous et avait une rainure à la base; un autre portait 4 rainures de ficelage.

Manches à courte logette ouverte (18)

Généralement plus courts que les manches à fente distale, ils semblent avoir été utilisés avec des grattoirs et surtout avec des racloirs. L'un d'eux a été trouvé avec un racloir convexe dans son prolongement . Un autre portait un racloir très oblique et un troisième, à rainure semi-circulaire, avait également un racloir en place. Un spécimen à logette étroite, et à épaulement a pu être utilisé avec un perçoir.

Manches doubles (15)

Il s'agit ici de manches aménagés pour porter un outil à chaque bout. Le plus court a 123 mm de long et le plus long 199 mm. Plusieurs combinaisons étaient possibles :

- de la combinaison fente latérale-logette ouverte; on a trois exemplaires, dont un porte une microlame et un racloir concave;
- de la combinaison logette ouverte à chaque bout; on a cinq exemplaires, dont un porte un racloir concave à chaque bout (mais sur faces opposées);
- de la combinaison fente latérale-fente distale (microlame-lame à encoches), on a quatre exemplaires;
- enfin les trois autres se répartissent entre les trois combinaisons suivantes : logette ouverte-fente distale, fente latérale-bout biseauté avec

épaulement, le dernier a une fente distale à une extrémité mais l'autre est trop abimée pour être identifiée.

Manches incurvés (17)

Il est probable que la plupart de ces manches incurvés ont été utilisés avec des grattoirs. Neuf d'entre eux sont en effet à logette ouverte et portent parfois des encoches. Quatre autres portent des fentes latérales, mais l'un d'entre eux a d'abord été utilisé avec une logette ouverte. Pour les autres spécimens, la partie distale manque.

Manches incurvés doubles (2)

Les deux exemplaires de cette intéressante catégorie ont une fente latérale à un bout et une logette ouverte à l'autre, ce qui semble associer le travail du grattoir avec celui de la microlame pour certaines tâches.

Manches de simili-burins (12)

On a vu à propos des supports en andouiller ou en ivoire comment fonctionnaient ces manches en bois. La collection en compte dix, tous caractérisés par la profonde fente latérale qui servait de logette au support. Sept sont complets, les autres fragmentaire. Leur longueur varie entre 101 et 169 mm. L'un d'entre eux possède son support ainsi qu'un fragment de simili-burin . Bien que la plupart des supports aient été en andouiller, la collection comporte également 2 exemplaires en bois).

Manches de percuteurs (5)

Ces manches semblent bien avoir été utilisés avec des percuteurs. Ils mesurent tous entre 130 et 158 mm de longueur et possèdent une longue et profonde logette longitudinale sur une face.

Manches à lames en ardoise à bout arrondi (2)

La présence d'une lame polie en ardoise à bout arrondi a été signalée plus haut. Cette lame se trouvait dans un large manche à logette ouverte ou la fixation était assurée à la partie distale par une rainure transversale correspondant aux deux encoches supérieures, tandis que deux trous réunis par une rainure correspondaient aux deux encoches inférieures. La ficelle utilisée était vraisemblablement en tendon. Le fait qu'un second manche du même type ait été trouvé confirme qu'il s'agissait bien d'un type traditionnel.

Autres manches divers (6 & 165 fragments)

Parmi les autres manches atypiques découverts se trouve une pièce à logette ouverte portant une lame bifaciale asymétrique à bout mousse. D'autres spécimens pourraient être des manches de couteaux à neige : un est perforé et biseauté (137 x 34 x 11); un autre a un bout biseauté avec épaulement, l'autre extrémité, épaisse, porte une encoche (126 x 28 x 10); un possible manche de couteau à neige présente une encoche sur le côté ainsi qu'une perforation (117 x 37); un est peut-être un manche à racloir ou grattoir, et deux semblent être des fragments biseautés de manche. Enfin 165 pièces peuvent être considérées comme des manches ou fragments de manches plus ou moins abimés.

Morceaux de hampes (10 & 86 fragments)

Comme on pouvait s'y attendre, aucune hampe de harpon complète n'a été découverte. Il semble d'ailleurs que la plupart des hampes étaient composées de pièces biseautées, ficelées ensemble et souvent munies d'une rainure latérale pour la corde qui les unissait. La plus longue pièce trouvée mesurait 325 mm. Un est un morceau de grosse hampe à section ovale (190 x 34 x 30) qui pourrait aussi provenir d'une pagaie, et un autre est un morceau de hampe à harpon dont une extrémité est à logette ouverte et l'autre biseautée.

Plusieurs pièces biseautées de hampe ont été trouvées raccordées : deux pièces biseautées avec épaulement réunies pour former un morceau de hampe avec rainure latérale; un morceau de hampe biseauté (178); une pièce plate biseautée en bois d'espèce différente; deux pièces biseautées (65 + 56) qui se raccordent; deux pièces biseautées en position (25 + 34); un morceau de hampe (118 x 20 x 16) biseauté comportant un épaulement, un trou et une rainure latérale; une pièce de jointure de hampe (210 x 20 x 15), avec biseau et épaulement à chaque extrémité sur la même face; un morceau de hampe biseauté à chaque bout (153 x 20) avec encoches de fixation, rainure latérale avec 2 perforations obliques; et, enfin, une petite hampe jouet (77 x 6 x 5).

Finalement, 86 autres fragments de hampe plus ou moins bien conservés ont été trouvés.

Protecteurs de lames (10)

Ces pièces, en forme de pointe évidée et pédonculée, ont été appelées ainsi parce qu'elles ne semblent pas avoir eu d'autre usage que de recevoir les lames à pédoncule dont l'intérieur a la forme en creux. La longueur des 10 exemplaires découverts varie de 68 à 119 mm, et la largeur de 22 à 25 mm. Plusieurs possèdent l'une ou l'autre, et parfois plusieurs, des particularités suivantes : épaulement, rainure transversale et perforation centrale. Comme il a été mentionné plus haut, ces pièces devaient protéger les lames pédonculée, parfois délicatement denticulées, dont se servaient probablement les Dorsétiens, rapporte la tradition locale, pour chasser les caribous lors de leur traversée pour atteindre Bylot.

McCullough (1989 : 94) illustre une pièce de bois de 157 mm provenant de Skraeling Island et décrite comme une gaine de tête de harpon. On ne voit pas très bien comment une tête de harpon de type thuléen 2 et encore moins du type à armature distale pouvait y trouver place. Par contre, cet objet ressemble étonnamment à certains de nos protecteurs de lames, bien que le reste de l'assemblage thuléen ne comporte pas de lames pédonculées.

Skis miniatures (6)

Un spécimen complet et cinq fragments de skis miniatures ont été trouvés à N73, sans compter deux exemplaires fragmentaires à Saatut (Planche 14c). Le ski complet (162 x 18 x 5) est pointu et relevé à chaque extrémité et possède dans sa partie médiane 2 paires de trous qui, dans un ski normal, auraient servi à passer les lanières servant à maintenir le pied. Cette pièce ressemble beaucoup aux skis utilisés autrefois en Scandinavie et illustrés dans plusieurs ouvrages du XVIIe siècle, en particulier au ski lapon. Selon Bosi (1960 : 209 et pl. 4) : « les skis lapons de toutes les époques ont une particularité commune : ils sont pointus aux deux bouts. » Certains spécimens trouvés en Suède et maintenant au Nordiska Museum de Stockholm ont été datés entre 1500 et 1200 av. J.-C. Cependant le ski a été connu depuis des millénaires dans l'Eurasie circumpolaire, en particulier chez les Toungouses et les Samoyèdes. Leroi-Gourhan (1945 : 253) fait remarquer que le modèle utilisé en Sibérie est plus court et plus large que le modèle utilisé actuellement dans l'ouest. On peut aussi rapprocher notre objet des

raquettes en bois décrites par Birket-Smith (1929 : I l84) pour les Esquimaux du Caribou. De toute façon, on peut vraisemblablement détecter dans ce ski une influence venant de l'ouest et de la Sibérie. Le ski aurait été très utile autrefois aux Dorsétiens dans une région qui est beaucoup moins exposée aux vents que celle d'Igloolik, plus au sud. Il leur aurait permis d'approcher des « aglus » de phoques en marchant dans la neige molle.

Pièces intermédiaires d'herminette (5)

Quatre pièces intermédiaires angulaires comportant des trous, des rainures ou des encoches de ficelage, ainsi qu'un fragment, ont été trouvés. Ce nombre est proportionnel à celui des lames d'herminettes assez rares à Nunguvik.

Pièces (manches?) à perforation, à rainure et à encoche adjacente (15)

Un certain nombre de pièces provenant de N73 sont assez difficiles à identifier. Elles sont souvent biseautées, parfois assez longues, mais la partie la plus spécifique ressemble un peu à un bout rectangulaire de manche assez épais caractérisé par une perforation assez adjacente plutôt large et souvent reliée par une rainure à une large encoche. La largeur de la pièce varie entre 23 et 40 mm, l'épaisseur entre 12 et 17. On possède quinze de ces pièces dont l'utilisation reste difficile à déterminer.

Larges pièces plates incurvées (16)

Parmi les nombreuses pièces en bois, on trouve un certain nombre de spécimens incurvés d'assez larges dimensions, généralement biseautés, qui pourraient être des morceaux de cadres de tambours ou, encore, des pièces de kayaks. La plupart ont entre 25 et 35 mm de large et leur épaisseur varie de 10 à 20 mm. Certaines ont une perforation sur le côté et, parfois, une encoche; une d'entre elles a une rainure longitudinale.

Pièces minces avec trous et rainures (23 & 20 fragments)

Ces objets de taille variable mais généralement très minces et souvent rectangulaires présentent souvent près du bord de petites perforations qui indiquent qu'elles ont fait partie d'objets composites, probablement des boîtes. Les perforations sont presque toujours accompagnées de petites rainures indiquant la place des fils. Plusieurs portent, en lisière, des traces d'ocre rouge. Vingt-trois de ces pièces sont relativement bien conservées. Certaines ne portent qu'une ou deux perforations-rainures; d'autres en ont beaucoup plus; trois sont légèrement incurvées; huit portent des traces d'ocre rouge. Il semble que cet ocre, visible le plus souvent sur le bord des pièces ait fait partie d'une sorte de colle. Un objet (Planche 15k) est composé de 4 petites plaques (incomplètes) couvertes de trous et de rainures et se superposant 2 par 2, qui constituent un véritable casse-tête. Toutes les suppositions sont possibles concernant l'utilisation de ces objets. Enfin, vingt autres fragments de pièces minces de ce genre ont été recueillis.

Morceau de patin de traîneau (1)

Cette pièce qui mesure 41cm sur un peu plus de 10 cm de large est la partie avant d'un patin de traineau (Planche 14a). Deux paires de perforations irrégulières ont été pratiquées près du bord supérieur à une quinzaine de centimètres l'une de l'autre pour le ficelage des barres transversales. Le long du bord inférieur, on note trois autres perforations destinées à fixer les semelles de patin.

Pièces symétriques (26)

A défaut d'une désignation plus précise, nous appelons ainsi une série de pièces rectangulaires ou à coins arrondis qui peuvent mesurer entre 30 et 120 mm de longueur et dont la principale particularité est justement d'etre symétriques. Elles portent habituellement sur une face 2 ou plusieurs perforations ou creux (semblant parfois avoir joué le rôle de mortaise) symétriquement disposés ainsi que d'autres décorations, toujours symétriques. Elles ont habituellement au milieu d'un des bords une petite encoche, parfois accompagnée d'autres signes. Neuf pièces de ce genre, dont une légèrement incurvée, ont été recueillies. On peut penser qu'il s'agissait là d'objets rituels dont la signification et l'utilisation nous échappent. Certaines pièces du même genre sont également présentes à Saatut.

Pièces diverses en bois (25)

Sous cette rubrique, nous plaçons les objets dont on peut au moins deviner ce qu'ils représentent, sinon à quoi ils pouvaient servir. Tout d'abord, des pièces qui semblent représenter des pointes. On a une imitation de pointe barbelée; une pointe à base concave; une pointe de harpon barbelé asymétrique avec trou sur le côté; une pièce taillée en pointe avec deux paires de barbelures; une pointe à encoches; un jouet représentant une petite tête de harpon à morse; une pièce en forme de lance ou de lame à pédoncule; et une pièce taillée en pointe très acérée.

Ensuite, des pièces qui rappellent le kayak : une petite ébauche de kayak, et deux fragments de modèle de kayak, du genre de celui qui a été découvert dans la maison beaucoup plus récente N71; peut-être la moitié d'un petit kayak ou d'une barque; un fragment d'objet en forme de kayak; une petite pièce avec concavité oblongue, peut-être une représentation de kayak; et une fragment de pièce longue et plate (232 x 36 x 13), qui pourrait être une côte de kayak.

Deux spécimens semblent appartenir à des traîneaux jouets : un en forme de montant de traineau et un petit fragment du même genre avec deux perforations.

Enfin quelques pièces variées : une longue baguette légèrement incurvée, avec extrémités en forme de pied, qui pourrait être un petit arc jouet); deux sont des pièces minces ovales, peut-être des fonds ou couvercles de boîtes (Planche 15b) ; le bout d'une large pièce (142 x 59), coupée en pointe (peut-être un poteau?); une pièce à bout fourchu, peut-être un support de harpon; un morceau d'écorce ou de racine tressée et nouée; une petite branche nouée; un petit rouleau d'écorce; et un paquet de petites branchettes.

Pièces diverses non identifiées (41)

Un grand nombre de pièces pourraient trouver place sous cette rubrique. Nous nous contenterons de mentionner celles (41) qui nous paraissent les plus intéressantes.Une pièce recourbée en trois morceaux de bois (Planche 13f) très dense est très soign-eusement taillés et biseautés sur des plans différents (longueur totale, 31 cm). Plusieurs pièces façonnées à section à peu près carrée portent de multiples perforations et rainures circulaires ou non et dont l'utilité ne parait pas toujours évidente (Planche 13a-c). Sur une de ces pièces (121 x l9 x 19) (Planche 13b) on peut suivre le trajet assez compliqué d'une ficelle d'un bout à l'autre de la pièce; une autre pièce de ce genre porte une large rainure circulaire près d'une extrémité (156 x 26 x 18).

Un certain nombre de pièces biseautées à chaque bout et avec épaulement semblent avoir été utilisées comme intermédiaires ou pièces de jointure entre deux autres pièces (Planche 15d). Huites spécimens se terminent par une sorte de « bouton » ou de « sabot ». Trois pièces, presque identiques, sont biseautées avec épaulement, tandis que l'autre extrémité est à encoche latérale et compte un biseau étroit sur la face opposée : ils mesurent 187 x 24 x 20, 156 x 22 x 149 et 160 x 27 x 15.

Enfin d'autres pièces ont simplement une forme curieuse : un fragment de pièce mince (92 x 11 x 4) se terminant par un renflement bilatéral et une pointe aiguë; une petite pièce à deux bords concaves et perforation centrale; une pièce taillée en forme de serpent; une objet creux taillé en pointe avec rainures de ficelage; une pièce évidée en V sur une face (102 x 35) et avec rainures longitudinales et transversales sur l'autre face; une petite pièce façonnée en bois dur avec trois paires de perforations ovales sur un bord; une pièce faconnée, large et épaisse (145 x 105 x 25) avec perforations; une pièce plate ornée de rainures; une pièce plate (130) avec encoches sur chaque côté et bout carré; une pièce plate plan-concave, symétrique, façonnée avec soin (112 x 37 x 4) (étalon, mesure?); un large fragment de pièce façonnée biseautée (110 x 55 x 13) avec 2 trous-rainures parallèles teintés de rouge; une pièce composite (2 morceaux) en forme de coin, comportant une perforation médiane et un épaulement; une pièce à 4 encoches symétriques de chaque côté (66); une pièce taillée (86 x 17 x 12) à multiples encoches de chaque côté et rainures : un fragment de pièce avec épaulement et encoches (147 x 27) avec rayures transversales; une pièce taillée en forme de pied (de poupée?);

un fragment de large pièce à angle obtus (190 x 36 x 23) avec deux trous et rainures adjacentes (partie de kayak?); une pièce biseautée avec deux larges encoches carrées opposées; une pièce à tenon (145 x 36 x 15); une longue pièce à bout en « museau »; une baguette à bout spatulé et fentes de chaque côté; et une pièce avec une face rayée, deux paires d'encoches obliques et un enduit noir sur 2 côtés (140 x 21).

Pièces sculptées en bois (43)

L'Homme, et plus particulièrement la face humaine, est le sujet le plus habituellement traité sur bois par les artistes dorsétiens; souvent elle est simplement ébauchée, parfois sur un bout de manche ou un fragment. Dix-sept pièces rentrent dans cette catégorie :

- bout de manche orné d'une ébauche de face humaine;

- une face humaine à peine esquissée dont le crâne semble se prolonger en pointe : peut-être les Dorsétiens connaissaient-ils déjà le chignon groenlandais (Planche 16f);

- tête humaine ornant ce qui est probablement un fragment de manche;

- pièce (87 x 20) avec tête ovale à l'extrémité;

- petit bois (54) avec face humaine;

- tête humaine sculptée (67 x 20 x 14);

- petit fragment (41 x 7) avec face esquissée;

- tête humaine pointue (72 x 17 x 9,5)

- figure anthropomorphe (50);

- pièce de bois (152) avec profil de tête pointue sculptée (Planche 18f);

- tête humaine en pointe avec perforation, sur bout de manche (Planche 16e);

- pièce de bois à multiples entailles (ébauches de visages?);

- fragment de pièce (96) avec face humaine et perforations;

- tête cornue taillée dans une branche; 2 branchettes forment les cornes placées sur le front; l'artiste a-t-il voulu représenter un être surnaturel ou simplement donné libre cours à son imagination? (Planche 18g)

- fragment de pièce ornée avec face;

- fragment de bois avec face gravée (103);

- fragment de face humaine sculptée (57);

Une seconde catégorie privilégiée par les Dorsétiens de la région est celle des poupées articulées, humaines ou animales. On en trouve plusieurs spécimens à N73 :

- torse d'une poupée articulée (62 x 18 x 12), la tête est endommagée (Planche 18d);

- jambe de poupée articulée (35 x 11 x 7);

- 5 parties d'une poupée articulée complète : tronc et tête (61 x 17 x 14), bras (54, 58) et jambes (55, 58);

- bras de poupée articulée (43) (Planche 18e);

- peut-être un bras de large poupée articulée;

- trois pièces d'un caribou articulé, corps (102 x 26) et 2 pattes (78 et 83) (Planche 19g);

- autre patte de caribou articulé.

Dans la troisième catégorie rentrent toutes les pièces représentant des animaux ou possédant des caractères mixtes (animal et humain). Elles sont beaucoup moins nombreuses que les pièces en ivoire ou os du même genre :

- une pièce ornée en forme de phoque (81 x 14 x 3,5) avec rainure longitudinale sur chaque face;

- une tête d'oiseau à long cou (103), ce dernier est orné de chevrons sur le côté (Planche 19f);

- une tête d'ours réaliste (38 x 8,5) (Planche 19e);

- peut-être une représentation d'un phoque à capuchon;

- une représentation d'un animal;

- une longue pièce abimée (155) dont le bout semble correspondre à un museau d'ours;

- une longue pièce en forme de fuseau, qui porte une face humaine à un bout, un ours à l'autre;

- une pièce ornée représentant un ours stylisé (Planche 16b);

Enfin quelques pièces ont une signification douteuse :

- une pièce ovale, évidée au centre et avec une extrémité en pointe peinte en rouge (49 x 21 x 4); elle représente peut-être un oiseau stylisé ou un ours (à Button Point, le rouge semble la couleur réservée à l'Homme et à l'ours) (Planche 20c) ;

- la moitié d'une pièce rouge similaire à la précédente (Planche 20b);

- un large fragment d'une pièce recourbée en fuseau, avec rainure circulaire et bouton à une extrémité, rainure longitudinale et perforation centrale sur la face concave (Planche 13e);

- deux pièces qui, par leur forme en fuseau et leurs dimensions font penser aux pièces en fuseau, à motif squelettique et à tête d'ours dont plusieurs exemplaires ont été trouvés à Button Point.

Divers bois (4 875)

La collection comprend également de nombreuse autres pièces ou fragments non-identifiables, mais néanmoins taillés ou façonnés (2 234), ainsi que de nombreux fragments divers (2541).

Autres pièces en matières organiques

Fanon de baleine (55)

La plupart de ces pièces sont des morceaux de semelle de patin dont une atteint 70 cm. En raison du matériau utilisé, beaucoup plus mince que l'ivoire et l'andouiller, ces semelles de patins étaient d'un modèle différent. Elles étaient fixés au moyen de paires de perforations parallèles. Une pièce montre que ces paires de perforations ovales étaient placées tous les 15 ou 18 cm. Nous possédons 20 exemplaires de ces morceaux de semelles, mesurant pour la plupart de 70 à 200 mm et dont la largeur variait entre 20 et 30 mm, c'est-à-dire à peu près la même chose que pour les semelles en ivoire.

Deux pièces intéressantes sont des rhombes, dont une mesure 110 x 22 mm et l'autre 75 x 23 mm. Toutes deux sont perforées à un bout et ressemblent à l'un des deux spécimens de « bull-roarers » illustrés pour Birnirk par Ford (1959 : 226, Fig. 112 a,b). Signalons aussi parmi les 33 autres pièces en fanon un exemplaire en forme de kayak, un autre aux deux extrémités en pointe, trois rouleaux de fil de fanon et un noeud de fil de fanon.

Peaux, poils et autres objets

De nombreux fragments de peaux avec ou sans poils ont été trouvées à plusieurs niveaux à N73. On peut signaler en particulier : la plus grande partie d'une moufle en peau de phoque; des fragments de peau de phoque coupée ou épilée; d'autres fragments de peaux cousues dont une avec du fil de fanon; une lanière de peau de phoque, des tendons de ficelage; environ 3 mètres de ficelle tressée en poils de lièvre et une autre ficelle en poils de lièvre; de nombreux échantillons de cheveux humains, en plus de nombreux poils d'ours, de caribou et de renard, des coquillages divers, des os de poisson et, peut-être, des crottes de chiens. (Pour l'analyse des cheveux humains, voir Annexe I).

OSSEMENTS

Pour le complexe N73, 27 750 os ont été comptés. Pour le narval le pourcentage est négligeable peut-être parce que, comme les Inuit, les Dorsétiens ne mangeaient que la peau. On a vu, par contre, quelle était l'importance de la défense de narval comme matériau pour la fabrication de certains outils ou pièces d'équipement. Si les Dorsétiens ont tué des baleines, ce qui est fort possible, ils n'en ont probablement mangé que la peau, laissant la carcasse sur le rivage. Mais on a vu que le fanon de baleine était utilisé, en particulier pour les semelles de patins de traîneaux. Une mandibule de chien a également été trouvée (voir Annexe IV).

Animaux	%
Caribou	70,3
Phoque (indét.)	15,9
Phoque barbu	4,1
Morse	2,3
Ours	0,5
Lièvre	4,1
Renard	2,3
Oie	1,0

Tableau 5 : Ossements des animaux trouvés dans la maison N73.

LA POSITION DE N73 DANS LA CONTINUUM DORSETIEN

On peut déjà juger, d'après l'échantillon de têtes de harpon, que N73 a été occupé pendant une longue période. Les dates par le radio-carbone confirment cette impression. On ne possède pas moins de treize dates pour cette structure. La plus ancienne, provenant d'un échantillon de végétaux trouvé sous un ancien dallage, entre 50 et 60 cm de profondeur, dans le fond de la structure, est de 10 ap. J.-C. (S-1203), alors que presque au même endroit mais à -30cm un échantillon du même genre semble indiquer le début de la période d'occupation principale à 480 ap. J.-C. (S-1204). Plus près de l'entrée, c'est à-dire de la mer, un échantillon similaire prélevé à -60 cm donne une date de 440 ap. J.C. (S-1443), mais tout à côté, à -65 cm, une strate très mince a fourni une date plus ancienne de 180 ap. J.C. (S-1445). Vers le milieu de la structure, c'est sous une couche de gravier stérile qui atteint par endroits 25 cm d'épaisseur qu'on trouve une strate culturelle plus ancienne pour laquelle un os de caribou a fourni une date de 10 ap.

J.-C. (S-1444) ainsi qu'une tête de harpon du type « Tyara sliced ». Pour la sous-structure en pierre se trouvant dans la partie nord-est de la structure, un échantillon de saule et de cassiope prélevé sur le dallage à -30 cm a fourni une date de 510 de notre ère, montrant que la structure a été élevée avant cette date. Une date de 1085 ap. J.-C. venant des 15 cm supérieurs montre probablement que l'endroit était encore fréquenté quand le complexe n'existait déjà plus. Les cinq autres dates tombent toutes entre 180 et 630 de notre ère et on peut probablement placer la période principale d'occupation entre 400 et 600 ap. J.-C. La présence de cette couche de 25 cm de gravier stérile est difficile à expliquer. Nous

avions d'abord pensé qu'elle était le résultat d'une grosse tempête (la plus grande partie du complexe est à moins de 1 m au dessus du niveau de la marée haute), mais il faut peut-être aussi y voir le résultat d'une intervention humaine.

Quant à la petite maison dorsétienne (N72) construite plus tard sur les ruines de la structure, un échantillon d'os carbonisés nous donne une date de 570 de notre ère (S-478 : 1380±95) à laquelle il faut presque certainement ajouter la correction de 400 ans pour les ossements de mammifères marins; l'année 970 la place toute proche dans le temps de N71. Elle ne semble pas avoir été occupée longtemps.

No. de lab.	Matériau daté	Contexte	Âge normalisé
S-1615	bois	55 cm	670±50
S-1205	os de caribou	0-15 cm	1170±90
S-1941	bois de saule	45 cm	1320±80
S-879	os de caribou	35-50 cm	1400±90
S-1940	matière végétale	30 cm	1440±90
S-1204	bois de saule et de cassiope	30 cm	1470±90
S-846	matière végétale	20-25 cm	1490±70
S-1443	matière végétale	50-60 cm	1510±70
S-1206	matière végétale	60-65 cm	1550±60
S-1614	matière végétale	35-40 cm	1740±130
S-1445	matière végétale	65 cm	1770±100
S-1444	os de caribou	65-70 cm	1940±120
S-1203	bois de saule et de cassiope	50-60 cm	1940±100

Tableau 6 : Datations par le radiocarbone obtenues de la maison N73

La maison 71 à Nunguvik (N71)

En 1969, alors que nous avions déjà commencé la fouille de N46 et celle d'une hutte thuléenne d'allure très ancienne, il paraissait intéressant de situer exactement l'occupation dorsétienne de Nunguvik, en trouvant une habitation représentative de la fin du Dorsétien. A 140 m au nord de N82 et à une quinzaine de mètres du rivage, un emplacement rectangulaire nous parut pouvoir correspondre à notre recherche. Un sondage à gauche de l'entrée révéla, comme dans certaines habitations de la fin du Dorsétien dans la région d'Igloolik, un ancien foyer, dont quelques os carbonisés fournirent l'année suivante une date relativement récente. Plus tard, les fouilles furent poursuivies à cet endroit.

L'habitation, de forme rectangulaire à angles arrondis, mesurait à peu près 6,50 m sur 4,50 m, selon un axe ouest-nord-ouest/est-sud-est, et était délimitée par un petit muret, à peine marqué dans la partie est-sud-est, du côté de l'entrée. La partie gauche était presque entièrement dallée sur une largeur d'environ 1,50 m. La partie droite était dallée à deux endroits, au fond (à deux niveaux différents) et près de l'entrée. Des traces de foyers ont été trouvées à deux emplacements : à gauche de l'entrée, tout près d'une large pierre, et à droite, contre le muret, à environ 2 m de l'entrée. C'est surtout dans le fond de l'habitation, où la couche archéologique était plus épaisse, que la plupart des pièces ont été trouvées. D'autre part, à environ 75 cm au nord-ouest du second foyer et à la base du muret nord-nord-est, on a découvert une petite cache contenant une vingtaine de pièces de silex noir ou gris-noir.

Les fouilles ont révélé que ces traces d'habitation représentait au moins deux périodes, probablement assez rapprochées. Sous le dallage se trouvait en effet une couche de gravier fin surmontant une seconde couche d'humus. Au delà du fond de l'habitation marqué par la fin du dallage, un mélange de gravier, de tourbe et d'humus contenant un nombre assez élevé d'objets façonnés semble indiquer que la maison primitive avait été réduite d'environ un mètre et que l'espace entre les deux murets avait été comblé en partie par des détritus provenant de la première maison. Enfin un sondage effectué après l'enlèvement du dallage a révélé une fosse circulaire d'environ 50 cm de diamètre et de 35 cm de profondeur, située en partie sous le dallage, à environ 3,50 m de l'entrée et à 1,25 m du muret sud-sud-ouest. Cette fosse contenait quelques pièces façonnées et divers ossements. La date qu'elle a fournie montre que l'endroit avait été habité bien avant la construction de la maison.

Les pièces découvertes dans cette maison ne donnent malheureusement qu'une idée assez incomplète de la fin du Dorsétien à Nunguvik, car on n'y compte pas d'objets aussi caractéristiques que les têtes de harpon et qu'en plus, quelques pièces plus anciennes s'y sont mêlées.

ANALYSE DES VESTIGES

Témoins lithiques

Pointes triangulaires (11)

Des onze pointes triangulaire, neuf sont à base concave, dont trois denticulées et une est très finement denticulée (treize denticules par cm), une étroite et une à base très concave; les deux autres ont une base rectiligne. De plus, deux bouts de lames à double cannelures distales ont été trouvées.

Lames à encoches bilatérales (9)

Sur les cinq lames à encoches bilatérales entières, une est asymétrique, quatre sont symétriques. Trois de celles-ci présentent des extrémités arrondies et une autre est caractérisée par un bord abrasé et des traces de polissage sur les 2 faces. Enfin 4 bases de lames à encoches ont été trouvées, dont une en « queue de poisson ». Notons qu'en général, les lames à encoches de N71 sont assez grossièrement taillées.

Lames à pédoncule (4)

On a découvert quatre lames de ce type dont une présentant un pédoncule à encoches et deux autres qui sont plutôt grossières.

Lames diverses (11)

Parmi ces pièces, on trouve une lame biface épaisse à bords parallèles, une lame biface asymétrique en quartz, une lame triangulaire irrégulière avec coup de burin et huit parties distales de lame dont une à bout arrondi et une denticulée.

Microlames (181)

Ces microlames peuvent être divisées en microlames retouchées : 15, dont 4 à pédoncule et 2 à encoches bilatérales, plus 44 frag-ments (dont un provenant de la « cache »); microlames non retouchées : 23, dont six en quartz, et 99 fragments.

Grattoirs (15)

Ces grattoirs se divisent en trois grattoirs évasés, dont un oblique; deux grattoirs unguiformes; quatre grattoirs trapézoidaux, dont un à bout arrondi; deux grattoirs à épaulement bilatéral; un grattoir triangulaire large; un grattoir pentagonal arrondi; un grattoir caréné; et un grattoir oblique à bords parallèles.

Racloirs (26)

Les racloirs peuvent être divisés en neufs racloirs à bord rectiligne; deux racloirs très obliques à bord rectiligne; quatre racloirs à bord convexe; deux racloirs à bord concave, dont un à encoches; un racloir ovoide; un racloir pédonculé; un racloir concave brisé, réutilisé comme perçoir; six fragments de racloirs et une ébauche.

Simili-burins (22)

La plupart sont des simili-burins à cran (7), dont deux à angle fonctionnel obtus, deux à angle fonctionnel droit, un à angle fonctionnel aigu, un à angle droit à bord non fonctionnel en demi-lune; 1 à angle ébréché, dont les deux faces sont complètement polies; trois autres sont des simili-burins à encoches bilatérales, dont un à angle fonctionnel obtus et deux simili-burins d'axe à angle aigu. Parmi les douzes pièces fragmentaires on peut noter : une partie distale en serpentine à angle fonctionnel complètement arrondi (plissoir), trois autres parties distales respectivement à angle obtus, à angle droit et à angle arrondi; et enfin, une base à encoches, deux bases à cran, cinq autres fragments et une ébauche.

Mini-burins (3)

La présence de mini-burins à N71 peut sembler assez surprenante dans cette maison de la fin du Dorsétien, mais, comme nous l'avons signalé plus haut, depuis plus de 2000 ans le niveau de la mer a très peu changé dans la région et l'on constate que l'emplacement de la maison N71 a été occupé depuis très longtemps; il est donc normal qu'on y trouve des traces de l'occupation première.

Des 3 mini-burins découverts, un (11 x 10) est déjeté, a une base large à deux encoches abrasées, le bord distal écaillé et légèrement poli; deux (10 x 6,5 et 12 x 9,5) ont chacun deux encoches ébauchées et cinq traces d'enlève-ments.

Nucléus (18)

Des dix-huit nucléus (dont six provenant de la « cache »), seize sont en silex, les deux autres en quartz.

Aiguisoirs-polissoirs (8)

Sept de ces pièces sont des pierres plates en grès rougeâtre ou vert (1), ou violet (1). La huitième était une grosse pierre triangulaire (225 x 120) qui faisait partie du dallage et dont la face arrondie présente un poli d'utilisation. La pointe de cette pierre a pu être utilisée aussi comme ciseau à glace.

Lames d'herminettes (2)

La collection comporte une lame d'herminette à bout cassé et un fragment de lame en néphrite.

Divers (23)

On peut aussi mentionner trois perçoirs, seize fragments de bifaces, deux fragments d'unifaces et deux pièces esquillées.

Pièces trouvées dans la cache souterraine (21)

En plus des dix pièces mentionnées précédemment (deux lames, une microlame, un grattoir et six nucléus), cette cache contenait onze gros fragments de silex retouchés, Toutes les pièces provenant de cette cache, à l'exception de la microlame, sont de couleur noire ou gris foncé.

Pièces en ardoise (11)

Ces onze pièces comprennent une lame polie à facettes, un bout de lame à facettes, quatre fragments de lame polie un fragment de lame à encoches, un fragment de large lame à doubles encoches bilatérales, deux fragments d'ardoise polie et un fragment d'ardoise coupée.

Stéatite (19)

Cette série d'objets fragmentaires comprend un morceau de récipient angulaire et un autre qui porte des traces d'ocre rouge.

Déchets de débitage (2603)

Le nombre des éclats de silex est de 2261, dont 274 sont retouchés ou utilisés; le débitage comprend aussi 318 éclats de quartz, dont 100 retouchés ou utilisés, ainsi que 24 éclats d'ardoise.

Pièces en os, andouiller et d'autres matières organiques

Tête de harpon (1)

On ne possède malheureusement de N71 qu'une seule tête de harpon, d'ailleurs incomplète. Elle est du type E de Meldgaard.

Têtes de lance (2)

Pour les têtes de lance également, on n'a que des pièces incomplètes : la base d'une tête de lance en andouiller (60 x 14), appartenant au type 14 de Meldgaard et la base d'une autre tête de lance en os d'ours (126 x 29) qui appartient au type 13.

Pré-hampes de harpon (4)

Les quatre pièces découvertes sont toutes de petit format : une (57 mm) est en ivoire, à base biseautée; une est en os, à bout arrondi; une est une petite pré-hampe de harpon modifiée en percuteur; on peut y ajouter une base de préhampe biseautée et perforée.

Aiguilles (3)

Une est une aiguille très mince à tête pointue dont la pointe est brisée; une autre est une grosse aiguille en andouiller à tête pointue et à pointe brisée; on a aussi une pointe d'aiguille.

Ciseaux à glace (2)

Deux ciseaux à glace, tous deux en os d'ours, ont été trouvés (153 x 31 et 157 x 34).

Percuteurs (2)

Le premier percuteur, (51 x 12,5 x 9), est en os de pénis de phoque et le second possède des rainures pour l'emmanchement.

Poinçons (2)

Deux poinçons dont l'un est droit et l'autre recourbé.

Pièces ornées (2)

Une pièce taillée en ivoire de narval à fente longitudinale médiane est une ancienne semelle de patin transformée en ébauche de statuette; une pièce ovoid, en os d'omoplate, est ornée sur les deux faces (64 x 40).

Pièces diverses (6)

Une petite cuillère-spatule ovale est muni d'un manche à « bouton », en os; un long fragment de semelle de patin en ivoire de narval (Planche 20f); une pièce en os d'ours grossièrement taillée en pointe; une pièce perforée en andouiller avec rainure longitudinale; un coin en andouiller; un fragment de tête d'herminette. Nous pouvons ajouter 51 déchets de fabrication et fragments non identifiés. Ces pièces, pour ce qui est de la matière première, se présentent comme suit : ivoire de morse (15), ivoire de narval (1), andouiller (9), os de caribou (14) et os de baleine (3).

Objets en fanon de baleine, peau, etc. (15)

Ont été trouvés un petit paquet de fil de fanon de baleine, cinq fragments de fanon coupés, un large fragment de peau de phoque coupée, quatre fragments de peau de phoque, un fragment de peau de caribou, deux fragments de lanière en peau de phoque et une mèche de cheveux humains.

Pièces en bois

Manches (3)

Trois manches ont été trouvés : un manche à épaulement et à large logette ouverte (106 x 26); un manche plat à logette ouverte profonde (87 x 21); un manche à base pointue et probablement à logette ouverte (102).

Hampes (4)

Comme dans les autres sites de Nunguvik, aucune hampe complète n'a été découverte, mais seulement des fragments dont certains sont assez importants. Un est un fragment de hampe biseautée à rainure transversale et bourrelet (101 x 32); un autre est un long fragment de hampe fendue (357); un est biseauté (485 x 19 x 7,5) à section rectangulaire arrondie; à la base du biseau, une perforation latérale est prolongée par une rainure en spirale vers l'autre extrémité; et on a aussi un fragment de long bois taillé avec rainure en spirale (295).

Pièce pour la production du feu (1)

Cette pièce de bois épaisse porte des traces de percussion circulaire et de carbonisation adjacentes à une petite fosse creusée; une autre petite fosse rectangulaire se trouve à proximité. Dimensions totales : 470 x 50 x 35. Cette pièce est la seule qui témoigne d'un contact avec les Thuléens. Elle suggère que Dorsétiens et Thuléens ont pu cohabiter un certain temps à Nunguvik et que les premiers y ont probablement appris à faire le feu avec une baguette de bois, avec ou sans archet.

Pièces ornées ou composites (5)

Une petite statuette (113) à longue fente médiane sur chaque face fait visiblement partie d'une poupée articulée à large penis, comme le montrent de chaque côté les évidements correspondant aux bras et aux jambes. Une petite pièce en forme de losange (57 x 9,5 x 7) porte au centre 2 fentes parallèles correspondant chacune à une fente sur le côté; cette pièce ressemble à un kayak miniature mais les 2 fentes centrales suggèrent aussi un modèle de ski avec courroie pour le pied; ce modèle serait évidemment différent de celui qui a été découvert à N73. Une pièce identique a été trouvée par McGhee au site dorsétien tardif proche de Snowdrift (McGhee 1981 : P1.12 b). Une pièce similaire (47 x 7,5 x 5) mais sans fentes centrales, et un petit losange taillé abimé (49 x 14,5 x 3). Ce qui reste

de la carcasse d'un petit kayak miniature (Planche 14b) possède 3 côtes (en 6 fragments) plus 2 autres fragments (voir Mary-Rousselière 1979a : 95).

Pièces diverses en bois (11)

Un protecteur de lame de grande taille (189 x 37) avec perforation médiane et rainure adjacente. La pièce était probablement accompagnée d'un morceau de peau attaché par une lanière passant par la perforation. La pièce de N71 est beaucoup plus large et longue que celles de N73. Huit fragments de pièces étroites et minces pourraient être des lattes d'un kayak miniature. Un fragment d'objet plat (110 x 18 x 5) avec 9 encoches sur le côté; une longue pièce taillée; une pièce équarrie (357 x 37 x 22); deux pièces plates taillées en pointe (75 x 9 et 76 x 9,5); une pièce incurvée avec perforation; trois baguettes dont une cylindrique, une plate, une à coupe rectangulaire arrondie.

Fragments divers non identifiés (361)

Soixante-quatorze de ces fragments proviennent de pièces façonnées..

OSSEMENTS

Le nombre des ossements nous a été fourni par notre assistant esquimau. Il est possible que d'autres os d'oies se trouvent sous la rubrique « oiseaux ». Le nombre très élevé d'os d'oiseaux, dont beaucoup provenaient de la fosse centrale, indique une occupation estivale du site, au moins à une certaine période.

Animaux	N	%
Caribou	366	31,8
Phoque (indét.)	133	11,5
Phoque de Groenland	15	1,3
Phoque barbu	81	7,0
Morse	57	4,9
Narval	22	1,9
Baleine	2	0,17
Ours	4	0,3
Renard	31	2,7
Lièvre	6	0,5
Oie	2	0,17
Jaeger	28	2,4
Oiseaux (indét.)	417	36,2
Chien	2	0,17

Tableau 7 : Ossements des animaux trouvés en maison N71.

CHRONOLOGIE

A première vue, l'examen des pièces laisse une impression assez confuse, une seule tête de harpon, d'ailleurs incomplète, ayant été trouvée à N71 à côté de pièces suggérant une grande antiquité, tels que les miniburins caractéristiques du Dorsétien ancien ou les aiguilles à tête pointue et les lames à double cannelure distale. Il importe donc de rappeler que le niveau de la mer à Nunguvik et dans toute la région du Nord-Baffin est resté à peu près le même au cours des derniers 2000 ans et qu'on peut s'attendre à trouver des traces du Dorsétien ancien mêlées partout aux témoins les plus récents. En fait, ces derniers sont au nombre de deux et ne laissent place à aucun doute possible. La pièce de bois utilisée pour la production du feu par percussion circulaire montre que les derniers Dorsétiens avaient déjà subi l'influence des premiers Thuléens et adopté en particulier leur façon d'obtenir le feu.

Les dates au carbone 14 ne font que confirmer ce fait. Un échantillon de cassiope servant de matelas dans N71 donne une date de 860 ± 70, date qui doit être rapprochée de celle que fournit un échantillon de la même plante provenant de la plus ancienne hutte thuléenne fouillée : 860 ± 90 (S-477). Ces deux dates de 1090 ap. J.-C. suggèrent que les Thuléens sont arrivés, venant probablement de Lancaster Sound, à la fin du XIe siècle et que les deux groupes ont probablement cohabité pendant quelques années à Nunguvik. La date obtenue àpartir d'os carbonisés de mammifère marin (1370 ± 120) ne fait que confirmer la seconde date pour N71 : si l'on adopte la correction de 400 ans suggérée par McGhee et Tuck (1976) on obtient en effet une date très proche : 980 ± 120 ap. J.C.

Par contre, deux dates C14, l'une provenant de la fosse circulaire (2360 ± 90), l'autre de la base du muret nord-est. (1670 ± 100), montrent que l'emplacement avait déjà été occupé bien antérieurement.

No. de lab.	Matériau daté	Contexte	Âge normalisé
S-766	matière végétale	au-dessus des dalles	860±70
GaK-2339	os carbonisé	foyer, 25 cm	1370±120
S-848	os de caribou	45 cm, base de muret	1670±100
S-767	os	fosse circulaire	2360±90

Tableau 8 : Datations par le radiocarbone obtenues de la maison N71.

Le site de Saatut

À la fin de l'été 1966, Asarmik Kipumi, chasseur de Pond Inlet qui campait alors à Saatut, décida de construire un abri pour une chienne et ses petits et se mit à découper des blocs de tourbe. Il se rendit vite compte que, dans la tourbe et en dessous, se trouvaient de nombreux ossements ainsi que des pièces façonnées en os et en silex. Dans le courant de l'hiver, il vint me montrer ses trouvailles, parmi lesquelles se trouvaient un assez grand nombre de têtes de harpon dorsétiennes. Vers la fin de l'été suivant, Asarmik vint me chercher à Nunguvik et me conduisit à Saatut. Malheureusement, après son départ, je n'eus guère le temps de me rendre compte de l'intérêt du site, car dans la nuit du 30 au 31 août, une violente tempête s'éleva qui arracha ma tente extérieure et rendit tout travail impossible. Quand elle se termina deux jours plus tard, le terrain était complètement gelé. Dans la suite, plusieurs séjours furent effectués à Saatut qui permirent de réunir un assemblage assez important.

Saatut (PeHa-1) est situé à environ 35 km au sud de Nunguvik, à l'endroit où Navy Board Inlet s'ouvre sur Eclipse Sound (72° 44'N, 80° 14'0), presque exactement à la même latitude que le village de Pond Inlet. Le site se trouve sur la rive sud et à l'embouchure d'une rivière poissonneuse. Saatut I est, ou plutôt était – l'érosion l'ayant fait complèt-ement disparaître en quelques années – situé à environ 3 m au dessus du niveau de la mer sur un terrain alluvial de limon et de sable. Un échantillon de *Mya truncata* trouvé in situ à la base de l'abrupt rivage résultant de l'érosion, à environ 35 cm au dessus du niveau actuel de la mer, a donné une date de 5680±170. On peut en conclure qu'il y a près de 6000 ans, à une époque où le niveau de la mer était plus élevé, l'endroit était submergé et que c'est sur les 2,50 m et plus de dépôts d'alluvions qui se sont déposés depuis que s'étaient installés les Dorsétiens.

Une habitation rectangulaire d'environ 4 m sur 3,50 m a été également fouillée à Saatut II, situé à environ 35 m au nord-ouest, mais, cette fois, à 5 m au dessus du niveau de la mer. L'érosion étant en moyenne de plus de 50 cm par an, il est à peu près certain qu'à l'époque où Saatut a été habité, le site se trouvait loin du rivage. On peut donc penser que le camp était autant un camp de pêche que de chasse au phoque. C'est d'ailleurs l'impression que donne la maison qui est située non pas face à la mer mais face à ce qui paraît être l'ancien lit de la rivière.

A Saatut II, au niveau de 5 m, à peu près 23 m^2 ont été fouillés à l'emplacement de l'habitation et dans les débris de cuisine. En fouillant ces derniers, juste devant la maison, au nord-est, une petite structure légèrement concave a été découverte. Elle mesure environ 1 m sur 0,5 m et est composée de pierres plates, de bois, de deux omoplates de caribou dont une a servi à l'extraction d'une pièce rectangulaire, d'un large morceau de ramure de caribou et d'un fragment d'os de baleine plat. Elle rappelle un peu une structure du même genre trouvée par Meldgaard (communication personnel) à Alarnerk et qu'il identifia comme une tombe d'enfant. Celle de Saatut ne contenait aucun ossement humain ni aucune pièce intéressante.

Figure 6 : Saatut I et l'érosion côtière. Photographe Susan Rowley.

A Saatut I, au niveau de 3 m, aucune trace d'habitation n'a été trouvée et on a l'impression que les Dorsétiens vivaient là dans des iglous ou sous des tentes qui n'ont pas laissé de traces. Sur la plus grande partie de la surface fouillée à Saatut I, la couche archéologique ne dépassait pas 35 cm d'épaisseur. Malgré cela, les conditions de conservation semblent avoir été excellentes, au moins pour l'os et l'ivoire : à certains endroits, jusqu'à 2 200 ossements ont été trouvés par mètre carré et dans un rayon d'une centaine de mètres, plusieurs pièces en os ont même été trouvées à la surface du sol. Un total de 82 m^2 ont été fouillés à cet endroit qui, depuis, est disparu dans la mer.

D'autre part, l'examen des pièces trouvées à Saatut I et à Saatut II – en particulier celui des caractéristiques des têtes de harpon – suggère que c'était la même population qui habitait aux deux niveaux. Traditionnellement, pour les Inuit, Saatut était surtout habité à partir de février à cause des nombreux *aglus* (trous de phoque) qui se trouvaient à proximité. C'est pourquoi on habitait alors dans des iglous de neige situés assez souvent de l'autre côté de la rivière où aucune *qangmak* (maison d'hiver) n'est visible.

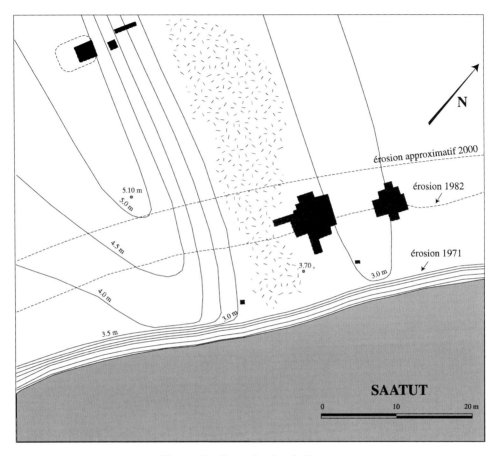

Figure 7 : Carte du site de Saatut.

ANALYSE DES VESTIGES

Les vestiges lithiques

Lames triangulaires (176)

Sur les 118 lames à base concave en silex, 39 sont denticulées et 31 partiellement denticulées, cinq sont partiellement polies. Une seule lame triangulaire à base concave est en quartz. Dix-sept autres lames triangulaires ont une base rectiligne; une seule est partiellement denti-culée. On a également 29 fragments de lames à base concave dont onze sont denticulées. On peut y ajouter douze autres fragments ou ébauches de lame triangulaire, dont une en quartz.

Lames à encoches (89)

Sur un total de 52 lames complètes, 25 sont symétriques et 27 asymétriques. S'y ajoutent une lame lancéolée, deux lames à bords parallèles dont une à larges encoches, une lame à une encoche, 20 bases de lames à encoches et 17 autres fragments de lames à encoches.

Lames à pédoncule (15)

Trois de ces lames sont brisées. Trois d'entre elles sont denticulées et une partiellement denticulée; une porte la marque d'un coup de burin. On peut y ajouter deux lames à encoches sur pédoncule et une lame à pédoncule étroit et court.

Lames diverses (107)

Cette catégorie comprend une lame d'herminette polie, une lame qu'on peut probablement qualifier de lame latérale, un biface à une encoche et à bout arrondi, poli par l'usage, cinq bifaces divers et 92 fragments de lames bifaciales, dont deux en quartz.

Microlames (914)

On compte 157 microlames complètes non retouchées et 47 retouchées. Les fragments de microlames retouchées sont au nombre de 191, les fragments non retouchés de 519.

Grattoirs (116)

Les grattoirs se répartissent dans les catégories suivantes : unguiformes (275); évasés (12); quadrangulaires (16, dont 1 court et 3 asymétriques); obliques (12, dont deux courts); à épaulement bilatéral (10); à épaulement unilatéral (8); à pédoncule (1); oblongs (5); triangulaires (17, dont 9 asymétriques et un à bout arrondi); un à épaulement unilatéral avec coup de burin; un sur bout de microlame épaisse et, finalement, 6 fragments.

Racloirs (85)

Les racloirs peuvent se diviser de la façon suivante : 45 racloirs à bord fonctionnel rectiligne (l'angle par rapport à l'axe variant entre 5° et 60°, avec une moyenne de 38°);

neuf racloirs à bord convexe, dont un en quartz (l'angle variant entre 30° et 50°, avec une moyenne de 40°); onze racloirs à bord concave (l'angle variant entre 18° et 62° degrés, avec une moyenne de 36°); dix racloirs à bord irrégulier (l'angle varie entre 20° et 60°, avec une moyenne de 40°); et enfin, dix fragments de racloirs. Tous, sauf un racloir à cran, sont à encoches bilatérales.

Burins (3)

Un seul burin typique a été trouvé : à deux encoches, « scaled », et avec quatre enlèvements. De plus une chute de burin primaire et deux fragments distaux de simili-burins avec double coup de burin.

Simili-burins (35)

Des 35 simili-burins de Saatut, la plupart (26) sont des simili-burins à cran; parmi eux quatorze ont un angle fonctionnel obtus, cinq un angle droit et deux un angle aigu; dans cinq cas, l'angle est brisé ou très ébréché. Trois pièces sont à pédoncule et une à encoches. Un des simili-burins à pédoncule a un angle tellement obtus qu'on peut douter de son efficacité comme burin. On compte aussi deux mini-simili-burins. Une des pièces à cran et à angle obtus possède un bord latéral très affûté et a dû fonctionner comme rabot, ce qui semble être aussi le cas pour un fragment mésial de lame. Un simili-burin étroit à pédoncule et à bords presque parallèles, après avoir eu le bord distal tronqué, a été affûté transversalement sur les deux faces et a pu jouer le role d'un burin double bilatéral. Deux pièces ont l'angle complètement arrondi et ont dû fonctionner comme polissoirs. Enfin trois simili-burins d'axe à angle aigu et un fragment distal étroit complètent la collection.

Nucléus (28)

Onze de ces nucléus sont à microlames, dont un en quartz. Un nucléus a été retouché en grattoir et un autre utilisé comme pierre à feu. Trois sont épuisés.

Aiguisoirs-polissoirs (4)

Quatre pièces en grès ont été utilisées : une de couleur rosâtre, une autre rougeâtre et deux grises.

Diverses pièces en pierre (69)

Cette catégorie comprend : une pièce ovoïde à bords martelés (coin?), une pièce à bout martelé arrondi, deux percoirs, trois pointes de bifaces, 59 fragments de bifaces, dont un poli et un en quartz, et trois unifaces.

Déchets de pierre (10 750)

La plupart de ces éclats sont en silex, quelques uns en quartzite ou en quartz; très peu sont en ardoise.

Pièces en ardoise (8)

Les pièces en ardoise sont assez peu nombreuses à Saatut. Elles consistent d'abord en un fragment de lame à facettes, une base de lame à encoches et quatre fragments polis. Mais il faut surtout signaler une lame polie, genre « ulu », à doubles encoches bilatérales, analogue à celles qui ont été trouvées à Nunguvik quoique légèrement différente (70 x 49 x 3,5). Un fragment triangulaire à bord coupant semblerait plutôt provenir d'un « ulu » classique.

Stéatite (95)

Parmi les fragments divers, on note : deux morceaux d'une lampe en stéatite peu profonde, un fragment de petite lampe ou godet, un morceau de lampe en stéatite verte en 3 fragments et 89 fragments divers.

Pièces en os, en ivoire et en andouiller

Têtes de harpon, incluant les fragments (305)

Les têtes de harpon sont très nombreuses à Saatut et, avec les nombreux ossements de phoques, témoignent de l'occupation principale de ses habitants. Elles appartiennent toutes à l'un des 3 types de Meldgaard A, D et E, surtout aux deux premiers, et présentent pour la plupart des particularités qu'on trouve rarement ailleurs.

Au type A à pointe distale appartiennent 45 spécimens dont 24 complets; dix sont en ivoire et dix-huit en andouiller. Il s'agit à peu près uniquement des types A22, 23 ou 24, mais à cannelure ventrale beaucoup moins marquée que sur les spécimens d'Igloolik. Une a une rainure de ficelage sur chaque ergot; 7 ont des large rainures de ficelage entre la perforation et les ergots; 1 est un jouet à logette ouverte; 1 porte quatre traits parallèles sur un ergot et 1 trois traits parallèles sur le côté de la face ventrale.

C'est au type D, c'est-à-dire à fente distale, qu'appartient la grande majorité des têtes de harpon de Saatut (100, dont seulement trois sont complètes), mais en général à un type D modifié, assez différent de celui d'Igloolik. L'orifice dorsal de la perforation à Saatut est généralement ovale et transversal, débouchant sur un orifice ovale et longitudinal et non sur une cannelure comme sur les types Db9, Db10 et Da7 de Meldgaard. De plus, beaucoup ont des rainures transversales de ficelage qui peuvent se trouver entre la fente distale et la perforation, entre la perforation et les ergots ou enfin sur les ergots eux-mêmes. Beaucoup ont également des emplacements pour pièce additionnelle sur la

partie distale lorsque la fente logeant l'armature a été brisée. Trente portent une ou plusieurs rainures, sept ont un emplacement pour
une pièce additionnelle. Sur 67, 52 sont en
andouiller, quatorze en ivoire de morse et un
en ivoire de narval. Une (Planche 29e) est en
andouiller (64), un ergot abîmé est orné sur
la partie dorsale d'une rainure longitudinale
médiane à laquelle s'ajoutent, en dessous de
la perforation trois autres rainures divergentes
dont deux du même côté.

Une autre tête de harpon se rattache au
type D. En ivoire de morse et mesurant 69 mm,
elle a une fente distale et porte une rainure transversale entre la fente et la perforation, mais,
ce qui est nouveau et très rare dans la culture
dorsétienne, c'est qu'elle présente également
deux fentes pour armatures latérales.

Seulement trois têtes de harpon appartiennent au type E, à perforation transversale,
le type du harpon à morse (le morse est assez
rare à Saatut, comme dans toute la région) :
une est de dimensions réduites (35 x 11,5),
probablement un jouet, en ivoire qui possède
une série de crans sur la crête des ergots, comme
certaines pièces de N73; 1 (Planche 30f)
(60 x 20 x 16,5) du type E16 mais plus large,
a une logette incomplètement fermée, ainsi
qu'un dos ouvert et rainure longitudinale; une
autre, en ivoire, est brisée mais a un ergot à
crans avec marques transversales sur le bout.

En outre, on compte 61 fragments de têtes
de harpon, dont seize en andouiller et 23 en
ivoire de morse, ainsi que 80 triangles-rejets
de fabrication de têtes de harpon. Neuf supports de lame distale avec rainure de ficelage
ont également été trouvés ainsi que cinq
supports à épaulement.

Tout ce qui précède montre que les
Dorsétiens de Saatut utilisaient le plus
longtemps possible leurs têtes de harpon en
les ficelant lorsqu'elles étaient fêlées ou en
les réparant avec des pièces additionnelles
lorsqu'elles étaient brisées. Ce qui indique
peut-être une pénurie de matière première.

En 1980, six têtes de harpon à peu près
complètes ont été trouvées en tas, à 6 cm de
profondeur à Saatut I (Fig. 9). Peut-être
s'agissait-il d'une cache.

Préhampes de harpon (10)

Sur cinq préhampes de harpon complètes,
deux pièces (72 x 10 et 81 x 13) ont des bases
perforées et sont en andouiller; 1 (74 x 7) est
en os, à base biseautée; 1 (64) en ivoire de
morse a une rainure longitudinale et deux
perforations à la base; 1 est une petite préhampe (29 x 35) avec perforation et rainure;
1 est la partie distale d'une préhampe en
andouiller; et 3 sont celles des préhampes en
ivoire; enfin, 1 est une base biseautée avec
épaulement et perforation.

Harpons à barbelures (13)

Ces harpons sont tous à barbelures bilatérales
asymétriques. Trois sont à peu près complets :
1 est un ancien support de burin transformé
après cassure; 1 (71) a une base en double
biseau et trois barbelures à chaque bord (3/3);
un autre (101 et aussi 3/3) a sa pointe brisée.
On compte aussi dix harpons fragmentaires,
dont certains à barbelures à peine marquées :
un est un fragment en andouiller préparé pour
un harpon barbelé; un fragment barbelé 2/2
est en ivoire. Quatre de ces pièces sont en
andouiller et quatre en ivoire.

Aiguilles (161)

Un total de 161 aiguilles ou fragments d'aiguilles plus une ébauche ont été trouvées. Vingt-huit sont complètes et mesurent de 32 à 88 mm; la plupart sont recourbées. Sur les 82 têtes d'aiguilles, une seule a une tête pointue, six ont une tête étroite, 28 une tête carrée, 22 une tête carrée arrondie, 16 une tête arrondie et neuf une tête asymétrique. Une seule de ces aiguilles, à section carrée, ne semble pas provenir d'une côte de caribou.

Côtes de caribou (38)

Comme on l'a vu à Nunguvik, les Dorsétiens de la région utilisaient la partie concave de la côte de caribou, c'est-à-dire la partie interne, pour la fabrication de leurs aiguilles. A Saatut, on a 21 parties convexes de côtes et 17 parties concaves, dont cinq préparées et six préparées avec rainures longitudinales.

On remarquera que les côtes de caribou travaillées sont beaucoup moins nombreuses à Saatut qu'à N73, mais que, par ailleurs, le nombre des aiguilles est beaucoup plus important. On peut en conclure que les aiguilles étaient surtout fabriquées à Nunguvik, mais utilisées principalement à Saatut. La seconde conclusion qui s'impose est que Saatut était un camp d'automne, saison au cours de laquelle s'effectue généralement la fabrication des vêtements de peau pour l'hiver.

Instruments en métatarse de caribou – IMC (176) & *Négatifs* (34)

Un nombre relativement réduit d'IMC complets ont été découverts à Saatut. Ce qui semble appuyer notre opinion selon laquelle il s'agissait d'un outil de percussion dont l'emploi entraînait parfois la fracture, malgré la solidité de l'objet. Sur les douzes spéci-

mens à peu près complets, dix ont une perforation près de la base : neuf d'entre eux ont une extrémité pointue, un présente une extrémité arrondie, les six autres sont ébréchés; des 2 spécimens sans perforation, un est pointu, l'autre ébréché. On a également 34 fragments proximaux avec perforation pour dix sans perforation. Des 64 fragments distaux, 46 sont pointus, six sont arrondis, deux affûtés distalement et dix sont ébréchés. On compte aussi 45 fragments mésiaux ainsi que dix IMC modifiés, surtout coupés longitudinalement. Les négatifs sont au nombre de 34, dont quatre obtenus à partir de métacarpes ainsi que 10 fragments. Deux autres outils ont été obtenus à partir de côtés de négatifs.

Outils en radiocubitus (26)

Les outils en radiocubitus de types variés mais toujours à 2 extrémités fonctionnelles sont au nombre de 26, dont quatre fragmentaires. Leurs dimensions varient entre 25 et 129 mm. On peut y ajouter 29 rejets de fabrication.

Os de sternum de caribou (7)

Seulement 7 morceaux de sternums coupés ont été trouvés.

Omoplates de caribou et pièces extraites d'omoplates (13)

Deux omoplates dont des morceaux ont été extraits; une omoplate préparée pour l'extraction d'un morceau; un morceau préparé avec rainures correspondantes sur les deux faces; un morceau découpé d'omoplate; un fragment de disque en omoplate avec double perforation; une pièce ovale en omoplate avec deux perforations; et quatre fragments de plaques ovales. On peut y ajouter deux fragments de pièces perforées.

Côtés de boites en andouiller (8)

La plupart des pièces circulaires ou ovales
en omoplate mentionnées plus haut sont des
couvercles ou des fonds de boites dont les
côtés sont en andouiller. Sur huit côtés de
boîtes, trois ont à chaque bout des rainures
transversales destinées à maintenir les pièces
en omoplate, un a une perforation centrale
et un un petit appendice étroit parallèle à
l'axe de la pièce; trois ont des rainures
correspondantes sur les deux faces à chaque
bout; l'une d'entre elles a un bord long ondulé. La longueur de ces pièces varie entre
56 et 59 mm.

Semelles de patin (12)

Les douze morceaux ou fragments de semelles
de patin sont tous à rainure centrale : huit sont
en ivoire de narval, trois en ivoire de morse et
un en os d'ours.

Supports de simili-burins (38)

Des 38 supports (dont six fragmentaires),
seize sont en andouiller et vingt-deux en
ivoire; cinq sont légèrement incurvés et deux
portent une perforation; deux autres ont été
modifiés en alènes; un support, à peu près
complet (83 x 8), est orné d'une silhouette
humaine sur une face.

Alènes et poinçons (44)

On compte un total de 44 alènes ou poinçons
dont huit sont fragmentaires. Deux de ces
pièces sont incurvées; quatorze sont en os et
onze en ivoire (dont une en ivoire de narval).

Aiguilles à poisson (9)

Neuf pièces pointues et avec chas ont été
tentativement cataloguées comme aiguilles à
poisson. Trois sont en andouiller et deux en
os. Leur longueur ne dépassant pas 10 cm et
elles ont peut-être simplement servi à de gros
travaux de couture. Il est possible, par contre,
que des IMC à bout pointu aient été utilisés
comme aiguilles à poisson.

Cuillères en andouiller (7)

Des sept cuillères en andouiller, cinq sont
incomplètes. La plus longue mesure 165 mm,
et la plus courte 61 mm.

Raclettes (6)

Les pièces que nous qualifions de raclettes ont
déjà été décrites pour Nunguvik 73. On en
trouve six spécimens à Saatut, dont trois complets. Une a un manche perforé (9l x 37 x 4,5);
1 a deux perforations, une centrale et une
distale (100 x 19 x 4); 1 n'est pas perforé
(73 x 21); 1 est une moitié longitudinale de
raclette en os à bout proximal perforé. Les
deux autres pièces fragmentaires sont une
moitié longitudinale avec perforation distale
(79mm) et une extrémité distale affûtée. Ces
pièces ont pu servir au raclage de la graisse
sur les peaux de phoque.

Couteaux à neige (22)

Aucun couteau à neige complet n'a été découvert à Saatut, mais vingt-deux spécimens ont
été catalogués comme fragments de couteau à
neige. Dans le cas des cinq pièces, aucune
hésitation n'est possible : la lame est facilement reconnaissable. Dans certains autres
cas, c'est moins sûr.

Ciseaux à glace (5)

Deux pièces semblent avoir été utilisées comme ciseaux à glace : 1 est une pièce taillée en pointe (113 x 25) en andouiller avec rayures parallèles sur une face; 1 est une pièce en andouiller (149 x 31) à large pédoncule dont la plus grande partie concavo-convexe a des bords aiguisés; l'extrémité est ébréchée. Plus douteuse est une pièce à bout biseauté (136). Deux autres objets en andouiller semblent être des extrémités de ciseaux à glace, mais elles pourraient aussi appartenir à la catégorie suivante.

Coins (3)

Coin en andouiller à double biseau (153 mm); coin mince martelé en andouiller (74 x 29 x 8); pièce sur andouiller, biseautée, avec chevrons et bout martelé.

Aiguilles à tatouer (2)

Une petite pièce en os longue de 54 mm et à bout pointu, semble bien être une aiguille à tatouer. Une face humaine gravée sur la pièce paraît confirmer l'identification. Une pièce analogue en os (62 mm) a également été découverte dans un petit étui en os (morceau de mâchoire d'un jeune caribou). Déjà certaines découvertes, comme celle du masque de Button Point, semblaient suggérer que les Dorsétiens pratiquaient aussi le tatouage.

Têtes d'herminette (2)

Deux têtes d'herminette complètes ont été trouvées : l'une, de dimensions réduites (20 x 19 x 6), est probablement un jouet. L'autre a des dimensions normales (89 x 70). Les deux sont en andouiller.

Supports angulaires de manche d'herminette (2)

Deux supports de manche d'herminette ont été trouvés, tous deux en andouiller. L'un, qui mesure 85 mm, est légèrement incurvé, tandis que l'autre mesure 34 x 33.

Ergots d'hameçon ou de kakivak (4)

Quatre pièces en pointe acérée ont pu être des ergots soit de kakivak (foëne) soit d'hameçon : Un (49) a une base biseautée et perforée; 1, très acérée, en os, est biseautée avec épaulement et double perforation (73); 1 en ivoire (45) est biseautée et perforée; 1 en andouiller, à léger épaulement, n'est ni biseautée ni perforée et a pu aussi être utilisée sur une lance à oiseau.

Percuteurs (5)

Sur les cinq percuteurs, au moins deux sont en os de pénis de phoque. Leur taille varie entre 46 et 112 mm; un porte des rayures transversales sur deux faces et un autre a une section triangulaire arrondie,

Pièces diverses (7)

Une petite pièce en os (33) à profonde rainure longitudinale, bout à double épaulement; 1 est une pièce à double pointe (81) avec perforation, vraisemblablement un hameçon à mouette; 1 est un bout d'os de caribou (tibia?) fendu longitudinalement à extrémité taillée en pointe (poignard?); 1 est un bout de pièce biseautée avec chevrons; 1 est une pièce d'andouiller, biseautée avec épaulement, perforation et hachures diagonales sur une face; 1 est un humérus de corbeau avec marques parallèles sur deux côtés; et, enfin, 1 est une petite incisive identifiée au musée comme dent de marsouin.

Pièces sculptées (5)

- petite tête de morse en ivoire avec trou de suspension (39 x 6) (Planche 38a);

- petit phoque en dent de morse (37 x 11 x 5) perforée qui porte une série longitudinale de petits points sur le ventre (Planche 38b)

- petite sculpture bicéphale du Dorsétien classique représentant une tête d'ours et une tête de morse, à perforation médiane (50);

- petit pendentif en dent de morse (40) représentant un phoque dont la tête est brisée à la perforation et porte quatre traits parallèles sur un côté;

- enfin, trouvée sur le rivage à environ 3 km au sud de Saatut et provenant vraisemblablement de ce site, est une denture en ivoire de morse (48 x 28), un exemple des classiques « dents de Chamane ».

Pièces et fragments non identifiés (206)

Cette catégorie comprend 103 pièces ou fragments en andouiller, 62 en os et 41 en ivoire, ainsi que deux en os de baleine.

Déchets de fabrication (533)

Les déchets de fabrication en andouiller sont au nombre de 336; les déchets d'os, 116; les déchets d'ivoire de morse, 72, et ceux d'ivoire de narval, six. En plus, nous avons trouvé trois mandibules de caribou dont la partie inférieure a été coupée longitudinalement et vraisemblablement pour utilisation.

Fanon de baleine (15)

Cinq morceaux de fanon coupés ont été trouvés : de180x6 mm à une pièce d'environ 1 m de long; on peut aussi noter, neuf fragments divers et un petit paquet de fil de fanon.

Pièces en bois

Pièces sculptées (16)

- une tête humaine (49) abîmée (Planche 38e);

- une pièce taillée en pointe de lance (39), vraisemblablement un jouet;

- une tête à cornes ou longues oreilles (56 x 19), très abîmée;

- un fragment avec moitié longitudinale de face sculptée (56);

- une pièce façonnée (120 x 21 x 7) en forme de tête d'ours;

- une pièce symétrique (32 x 11 x 4) ornée;

- une longue pièce recourbée (208) avec 2 faces humaines;

- une pièce incurvée, pointue aux deux bouts (114 x 9), avec face humaine sur partie convexe;

- un fragment de pointe taillée, peut-être une lance jouet (42);

- une moitié de modèle de ski (87 x 16 x 4);

- un bout de modèle de ski (36 x 14 x 4);

- un fragment taillé (85) présentant peut-être une tête;

- peut-être une tête humaine à cornes (62 x 17) (Planche 38c) ;

- un ours stylisé (105 x 24);

- un fragment de patin de traîneau jouet (80 x 24 x 6);

- et enfin, une pièce symétrique ornée (163 x 27).

Manches (23)

Manches à fente distale (7)

Un est un manche à fente distale (133 x 19 x 10) avec lame à encoches (19 x 19) en silex blanchâtre tacheté de gris et dont le bout et les côtés sont complètement arrondis par l'usage (Planche 35a); un manche pour une large lame à encoches (143 x 19 x 13); un fragment distal de manche pour lame à encoches; un manche pour lame à encoches (133); un manche, abîmé, pour lame à encoches (140 x 17 x 12); un manche à section ovale pour lame à encoches (184 x 21 x lS); extrémité coupée de manche à fente distale (Planche 35b).

Manches à microlames (8)

On a une partie distale coupée de manche à microlame (69 x 16 x 10); un petit manche à microlame à courte fente et épaulement (66 x 10 x 7); un manche très abîmé (122); un manche à microlame (162 x 19 x 7) très mince; un manche à microlane (163 x 20 x 8) large et mince; un petit manche à microlame recourbée et avec la fente brisée (88 x l4 x S); un petit manche à microlame (113 x 9 x 6); un manche double à microlames (l66 x 13 x 14) avec deux perforations et fentes sur les côtés opposés.

Manches incurvés à logette ouverte (4)

Un est un bout coupé de manche incurvé à logette ouverte (69 x 13 x 8); aussi un fragment de manche incurvé à logette ouverte (88); un manche incurvé à courte logette ouverte (102 x 17) et base perforée; et un manche incurvé à logette ouverte (115 x 17) avec dépression ovale sur l'autre face. On remarquera qu'à Saatut, contrairement à N73, tous les manches à logette ouverte sont

également incurvés. Il est à peu près certain que ce genre de manche était utilisé presque uniquement avec les grattoirs; la forme incurvée facilitait apparemment le grattage des peaux.

Manches à simili-burins (3)

On a un manche (123 x 16 x 12) à fente latérale (82); un long fragment, abîmé (119), de manche à large fente latérale; et un manche (133) à fente latérale, avec épaulement et rainure de ficelage.

Manche de percuteur (1)

Cette pièce est un manche à logette ouverte, profonde et large (139 x 21 x 19).

Hampes (3)

Un bout de hampe (249 x 22 x 19) est biseautée avec encoches et perforation sur le côté; aussi un fragment de hampe biseautée (182 x 17 x 16), et un fragment de hampe biseautée (122 x 25 x 1S) à rainure latérale. On compte aussi 22 fragments plus ou moins abimés de manches ou de hampes.

Protecteur de lame (1)

Une seule pièce de ce genre assez commun à Nunguvik a été trouvé à Saatut : celle-ci porte une perforation centrale et mesure 99 x 30 mm. Si, comme nous le croyons, ces protecteurs étaient utilisés avec les lances servant à la chasse au caribou, il est normal qu'on n'en trouve qu'un exemplaire à Saatut où ce genre de chasse ne semble pas avoir été pratiqué.

Fragments de skis miniatures (2)

Deux fragments provenant de skis miniatures similaires à celui qui a été découvert à N73 ont été trouvés. L'un constitue une bonne moitié d'un tel ski, dont les mesures (87 x 16 x 4) montrent qu'il était presque identique.

L'autre fragment se réduit à la pointe incurvée du ski (36 x 14 x 4).

Pièce symétrique ornée (1)

Cette pièce appartient à la curieuse catégorie représentée à N73 par une dizaine de spécimens et dont la signification nous échappe; ses deux perforations symétriques semblent avoir été utlisées comme tenons (Planche 36b).

Morceau de traineau jouet (1)

Ce bout de patin de traîneau possède quatre perforations en ligne dont trois ont servi à maintenir les barres transversales (80 x 24 x 6).

Pièces non identifiées (12)

Plusieurs pièces étroites ayant une partie rectiligne habituellement avec rainures de ficelage et une partie légèrement recourbée se terminant en pointe, ont pu être fixées sur une hampe de harpon et servir à maintenir tendue la ligne du harpon. Telles mesurent (66 x 6) avec perforation (64 x 5), (63 x 5), et (200 x 15). Parmi les autres pièces, on compte un objet ovale (49 x 18 x 8); un fragment de pièce étroite (de modèle miniature?) pliée sur encoche bilatérale; un fragment de pièce avec trous de ficelage sur le bord; un côté de boîte avec 4 trous de ficelage sur les bords (152 x 30 x 6); un fragment de pièce plate (180) avec deux trous de ficelage sur les bords et deux trous de ficelage-réparation au milieu; une petite latte (26 x 7 x 2,5) qui a pu servir pour un modèle de kayak; et une pièce creusée au centre (38 x 12 x 13).

Bois divers (467)

Cette série comprend des pièces taillées (18), des fragments travaillés (84), des baguettes (11), des pièces plates (9), des pièces biseautées (56), des pièces recourbées (3) et des déchets de bois (286).

Matières organiques diverses

Divers échantillons ont été recueillis : une dent humaine (deuxième molaire gauche de jeune adulte), un échantillon de cheveux humains coupés, quelques fragments de peau de phoque avec poils, un fragment de lanière de peau, divers poils (renard, caribou, etc.) at des excréments de renard ou de chien.

OSSEMENTS

Le Tableau 9 montre à quel point la vie des Dorsétiens à Saatut différait de celle de Nunguvik. La chasse au phoque y était de loin l'occupation principale et le caribou n'y était chassé qu'occasionnellement. Quant au nombre des os de poissons, il ne donne probablement qu'une faible idée de l'importance de la pêche à Saatut.

Animaux	Saatut I	Saatut II	Total	Pourcentage
Phoque	20654	5020	25674	82,97
Caribou	2159	91	2250	7,27
phoque barbu	117	15	132	0,43
phoque à capuchon	4		4	0,01
Morse	14	3	17	0,05
Baleine	6		6	0,02
Ours	6		6	0,02
Lièvre	899	65	964	3,11
Renard	1116	292	1408	4,55
Oiseau	83	13	96	0,31
oie	65		65	0,21
Lemming	75		75	0,24
Poisson	230	12	242	0,78
Corbeau	2		2	0,01
Moule	2		2	0,01

Tableau 9 : Ossements des animaux recueillis à Saatut

CHRONOLOGIE

On possède en tout huit dates au C_{14} pour le site de Saatut : quatre pour le niveau de 3 m et quatre pour le niveau de 5 m. On peut a priori éliminer les dates provenant d'un échantillon d'os de mammifère marin, bien que la première ne diffère guère de la date obtenue àpartir d'un os de caribou.

Pour Saatut I, on remarquera que les trois dates qui restent ne diffèrent guère de celles qui ont été obtenues pour N76, site beaucoup plus ancien. Par contre, elles coincident à peu près avec ce que nous croyons être la période d'occupation principale de N73, c'est-à-dire

400 à 600 ans de notre ère. C'est bien la même population qui a occupé les deux sites, fabriquant surtout les pièces en os de caribou à Nunguvik, comme l'indique le nombre de déchets de fabrication, et les utilisant surtout à Saatut. L'outillage de Saatut nous paraissant montrer plutôt moins de caractères primitifs que celui de N73, nous pencherions même plutôt pour la date de 545 ap. J.-C.,

Quant à Saatut II, nous avons déjà exprimé notre conviction que le site avait été occupé par la même population que Saatut I et la date de 690 ap. J.-C. nous paraît assez

No. de lab.	Matériau daté	Contexte	Âge normalisé
S-881	os de caribou	Saatut I (3 m)	1405±90
S-755	os de caribou	Saatut I (3 m)	1610±80
S-2189	os de caribou	Saatut I (3 m)	1625±155
S-590	os mammifère marin	Saatut I (3 m)	1670±135
S-850	os de caribou	Saatut II (5 m)	1260±90
S-2190	os de caribou	Saatut II (5 m)	1395±80
S-756	os de caribou	Saatut II (5 m)	2005±75
S-671	os mammifère marin	Saatut II (5 m)	2565±80

Tableau 10 : Datations par le radiocarbone obtenues de Saatut

proche de 545, les deux dates coïncidant autour de 600. Par contre, la date de 55 av. J.-C. paraît trop ancienne mais pourrait, avec la suivante, représenter l'une des deux dates limites du site. Quoi qu'il en soit, l'importante collection de têtes de harpon situe nettement ce site au Dorsétien moyen.

Aussi bien à Saatut II qu'à Saatut I, le nombre d'aiguilles indique une occupation automnale, au moment où l'on cousait les vêtements de peau pour l'hiver. La pêche et la chasse au phoque n'empêchaient pas les hommes de partir à la chasse au caribou afin de rapporter des peaux pour la confection des vêtements.

Ce qui paraît surprenant quand on compare les collections de Nunguvik et Saatut avec celles d'Iglulik, c'est la grande différence entre les outillages respectifs en os et en ivoire. Malgré la proximité relative des deux populations, il est difficile de croire qu'elles aient eu des relations suivies qui auraient dû laisser davantage de traces matérielles. La situation est la même quand on compare les sites de Navy Board avec ceux que Maxwell (1973) a étudiés dans la région de Lake Harbour, mais dans ce dernier cas, la distance qui sépare les deux régions est beaucoup plus grande et les contacts n'ont jamais dû être très fréquents.

Tableau récapitulatif
des pièces trouvées à Nunguvik et Saatut

Témoins lithiques	N46	N76	N82	N73	N71	Saatut
Lames triangulaires	47	77	8	159	11	176
base concaves	26	23	7	98	9	147
base concaves, denticulées	3	3	2	43	3	70
base rectiligne	7	11	1	12	2	17
à double cannelures distales	14	21	2	1	2	
Lames à encoches bilatérales	68	22	10	257	9	89
symétriques	43	17	5	67	4	25
asymétriques	17	5	2	52	1	27
à bout mousse				5		1
à bout arrondi				9	3	
à double cannelure dist.				1		
à doubles encoches bilatérales	2	4		6		
à triples encoches bilatérales	1					
base en queue de poisson	1				1	
Lames à pédoncule	1	2	3	61	4	15
Lames lancéolées	4					
Armatures latérales	12	2		14		8
Microlames en silex	1082	1134	153	1271	181	914
en quartz		36		76	16	
Grattoirs	42	16	8	203	9	116
unguiformes	2	1		38	2	27
évasés	4	3	1	37	2	12
quadrangulaires	7	3		31		16
triangulaires	3	3	5	1	1	17
obliques	4	5		18	2	12
à encoches	9	1		5		
oblongs	1	1		14		5
à large bout arrondi	1	1		3		
asymétrique	3					
à museau				1		
divers et fragments			2	27	6	7
Racloirs	36	21	9	264	26	85
à bord rectiligne	17	10	2	102	11	45
à bord convexe	4	3	1	33	5	9
à bord concave	10	4	5	58	2	11
divers	1		1	27		10
fragments	4			44	8	10

	N46	N76	N82	N73	N71	Saatut
Grattoirs-racloirs	6	1				
Burins	189	3		5		3
Burins simples	151					
doubles alternes	5					
doubles bilatéraux	1	1				
Mini-burins	44				3	
Burins d'axe		1		1		
type Avinga				1		
Chutes de burin	122		1	6		
Simili-burins	31	95	14	201	23	35
à cran arrondi		20	3	69	9	26
avec manche				1		
à encoches bilatérales	3	25	7	7	4	1
larges et minces à encoches	5					
long étroit à cran, angle aigu	2					
d'axe, angle aigu	8			10	2	3
« mini-simili-burin » à encoches		11	2	1		2
à angle fonctionnel arrondi				7		2
avec coup de burin		1	1	1		
poli longit, 2 faces, non-fonctionnel				1		
de gaucher				1		
Chute de simili-burin			1			
Nucléus	17	42	13	164	18	28
Nucléus à microlames	4	13	3	44		11
quartz		7	3	40	2	1
quartzite		1		7		
Perçoirs	2	7		4	3	2
Plissoirs bout poli (boot creaser)				3		
Assouplissoirs, cf. lame à bout mousse			3		9	
Pièces d'ardoise ou serpentine	67	30	6	21	11	2
« ulu » long à encoches	2	1		1		1
" semi-lunaire (fragmentaire)			1			1?
lame spatulée, tranchant distal	1					
lames à encoches bilatérales	5	4		1	1	
" à doubles encoches bilatérales	6	4				
" à 3 encoches bilatérales		2	1			
Pointes de lames lancéolées		2				
Divers et fragments	53	15	4	14	10	
Lames herminettes	1	1		2	2	1

Témoins osseux	N46	N76	N82	N73	N71	Saatut
Pièces sculptées ou ornées	1			24	2	5
Têtes de harpon	3	22	3	73	1	305
Type A		2	1	10		45
A 19/20			1			
A21	2	1	1	2		
A22	1	1		2		
A24				1		
Têtes de harpon						
Type C				1		
Type D		5		4		100
D à fentes latérales						1
Da		1				
Da3/4		1				
Da4/5		1				
Da6		2	1			
Db6/7		1				
Db7		1		1		
Db8			1	3		
Db9	1					
D fragmentaires		3				
Type E	2		1	5	1	3
E12	1					
E14			2			
E Fragmentaires				6		
Type F				1		
Type G				1		
Types inédits				3		
miniatures		1		13		
ornée				1		
fragmentaires	3			12		61
Matériau: andouiller						86
ivoire morse						51
ivoire narval						1
Triangles-déchets de fabrication		1		7		80
Pré-hampes de harpon	4		1	6	4	10
Harpons barbelés	2	3				13
Têtes de lance		4	1	1	2	
Têtes d'herminette		1		7	1	2
Pièces angulaires d'herminette						2
Aiguilles	2	27	2	107	3	82
à têtes pointues	2	11		2	2	1
Côtes de caribou	2			162		38
" " partie concave				13		17

	N46	N76	N82	N73	N71	Saatut
Semelles de patins	5	13		142	1	12
Semelles de patins en fanon de baleine		1		20		
Instruments en métatarses de caribou (IMC)	1	12	1	116		176
IMC Négatifs		13		251		34
Pièces radiocubitus	2	17		47		26
Déchets radiocubitus		1		76		29
Pièces de sternum de caribou		1		68		7
Omoplates de caribou coupées		6		24		13
Fragments de boites composites		2		16		
Supports de manches simili-burin	1	12		36		38
Ciseaux à glace				7	2	5
Manche à microlame (andouiller)		1				
Manche en ivoire de narval		1				
Couteaux à neige	3			13		22
Percuteurs os	5	9	1	28	2	5
Coins os	1	2		11	1	3
Cuillères andouiller		3		5	1	7
Hameçons à mouettes	1			5		
« Raclettes »				5		6
Tube en os orné				1		
Aiguilles à poissons ?						9
Ergots d'hameçon ou de « kakivak »						4
Rhombe en os		1				
Crane de caribou avec andouillers	1					
Chalumeaux				7		
Divers, non identifiés os		5		291		206

Témoins ligneux	N46	N76	N82	N73	N71	Saatut
Manches ornés				5		
Autres manches à microlames				61		8
Manches à fente distale				29		7
Petits manches à bout biseauté-épaulement		1		33		
Manches à courte logette ouverte	1	7		18		
Manches doubles				15		1
Manches incurvés				17		4
Manches incurvés doubles				2		
Manches avec simili-burin et support		1		10	1	
Manches de percuteurs				5		1
Manche à raclette				2		
Manche avec microlame et support		1				
Manches divers et fragments		16		171	3	22

	N46	N76	N82	N73	N71	Saatut
Manche à « ulu »				1		
Protecteurs de lames				10	1	
Cuillère recourbée			1			
Skis miniatures et fragments				6		2
Pièces de kayak miniature					1	
Fragment de côte de kayak		1				
Pièces à perforation-rainure-encoche				15		
Larges pièces plates incurvées (tambour?)			16			
Pièces minces avec trous et rainures			20	43		
Morceau de patin de traineau				1		
Pièces en forme de losange (kayak?)					3	
Pièces symétriques			2	26		1
Bois avec traces de production du feu				1		
Pièces de bois non identifiées	1		67	10		12
Pièces sculptées en bois	2	4		43		16
" " " avec face humaine		3		17		6

Divers	N46	N76	N82	N73	N71	Saatut
Rouleaux d'écorce		3				
Rhombes en fanon				2		
Autres pièces ou fil de fanon				33		15
Echantillons de cheveux humains				9		1
Divers peau de phoque: moufle, lanière				4		2
Ficelle tressée en poils de lièvre				1		

ANNEXE I

Analyse des poils, des cheveux et d'autres débris organiques de Nunguvik et de Saatut

Comme on l'a vu, le site de Nunguvik – en particulier N73 – et jusqu'à un certain point celui de Saatut, ont fourni des échantillons de poils, de cheveux et de débris organiques divers. Un certain nombre d'entre eux ont été examinés par des spécialistes, révélant parfois des renseignements inattendus.

En ce qui concerne les poils d'animaux, deux échantillons soumis aux laboratoires judiciaires de la Gendarmerie Royale du Canada (Dossier du lab. No : 78-OL-2107 – 80-06-02) et examinés macroscopiquement et microscopiquement ont donné les résultats suivants :

« The animal hairs present in items 43 (PgHb-1:8982; N-73#43) and 58 (PgHb-1:8976; N73#58) are indicative of having originated from a member of the following species :

Item 43 : Polar Bear (*Ursus maritimus*)

Item 58 : Caribou (*Rangifer tarandus*), Ermine (*Mustela erminea)*, or Wolverine (*Gulo gulo*). »

Vers la même époque, une communication du Dr. R.D.P. Eaton au Dr. E. Wheatley, Coordinator, Environmental Contaminant Program, (February 28/80) donnait, entre autres, les renseignements suivants au sujet de deux échantillons provenant de Nunguvik :

« PgHb-l 4525 : This pale coloured hair sample appears to be dog or wolf hair.

« PgHb-l 4527 : This undoubtedly fecal sample is quite interesting. I have not been able to identify any helminth ova but there are numerous identifiable items which give help in identifying the original owner. First the shape and size of the droppings suggest a fairly small carnivore. Secondly there is a great amount of hair in the sample which again indicates a carnivore. Thirdly there are many small fragments of sheets of plant cells, suggestive of seed coats (testa) plus longitudinal plant fibers in microscopically short length, presumably the diet of the food animal. The hair content is of two main types, rodent hair of indeterminate species and hair of the deer family, probably of course caribou. Both the hair types were present in considerable number, the rodent hair preponderating. There was also a single hair on the surface of one sample which could have been from the dog family. We are left with the possibilities of dog, fox or wolf. If either dog or wolf it would have perforce been a young animal from the size of the scat. The presence of caribou hair means that if this were fox it must have been scavenging – either a wolf kill or human refuse – the preponderence of rodent hair argues against its being a dog scat since a tethered animal would have little opportunity to catch rodents in quantity. »

Les deux échantillons suivants, soumis en octobre 1978 aux laboratoires judicaires de la Gendarmerie Royale du Canada (Dossier 78-OL-1934. 78-11-27), fournissent des renseignements encore plus intéressants sur le site de Nunguvik et sur l'industrie des Dorsétiens. Voici les conclusions du rapport concernant le premier qui provient de Nunguvik 46 :

« The brown hair sample consisted of approximately 25 hairs with a maximum length of approximately 50 mm. Microscopically they appear off-white or tawny in colour and may have actually been white originally. They are animal guard hairs (i.e. the coarse outer protective coat and amenable for identification). Identification, however, created somewhat of a problem. Many animal families could be excluded with certainty including Cervidae (deer family) and Ursidae (bear family). The hairs most closely resemble Bovidae and in particular *Ovibos moschatus*, musk ox. However Banfield reports : 'Muskoxen are not known ever to have occured on Baffin and Southampton Island;...' (Banfield, A.W.F. *The Mammals of Canada.* U. of Toronto Press, 1977, p. 413). The fact that the hairs are light in colour and relatively short may indicate that they originated from the lower leg (i.e. 'stocking' area) or from a juvenile animal. »

Au sujet de cette identification, il importe de noter que, si la présence du boeuf musqué n'a pas été historiquement constatée sur la Terre de Baffin, on ne peut par contre en conclure qu'il n'y a jamais été présent. Outre le fait qu'un morceau de corne d'ovibos a été trouvé à Nunguvik – mais dans ce cas on pourrait arguer qu'elle a été apportée de l'île Devon – deux anciens dignes de foi nous ont affirmé avoir trouvé chacun un crâne de boeuf musqué à deux endroits très éloignés l'un de l'autre sur la Péninsule de Borden. Quand on sait le poids d'un crâne de ce genre, on peut

douter qu'il ait été amené de très loin. Un troisième crâne nous a été également signalé au sud d'Eclipse Sound.

Le second échantillon provient de la maison 73 à Nunguvik.

« The fragment of brown twine is approximately 350 cm in length 1.5 to 2 mm in diameter. It consists of 2 strands, the overall twist being S (or clockwise) twist. Each strand is Z (or counterclockwise) twist. Interestingly, modern-day cordage construction employs an alternating direction of twist, such as this, in order to achieve maximum strength. The twine fragment is composed of animal hair, the majority of which are underfur and not diagnostically useful for identification. The few guard hair fragments which are present are Leporidae (rabbit family). »

De toute évidence, dans ce cas, le lièvre arctique. Ce rapport était signé : G.R. Carroll, B.Sc., C/M,i/c Hair & Fibre Section.

Le même rapport contenait le résultat de l'examen d'un échantillon de cheveux humains :

« The black hair sample is human scalp hair indicative of Mongoloid racial origin and dark brown to black in colour. Approximately 50 hairs were present in the sample... The maximum length observed was 34 mm. The proximal ends of these hairs are cut obliquely resembling the appearance of modern-day hair when cut with a razor (as opposed to scissors or knife). The distal ends of the hair are rounded, indicating cutting at least one month prior to their removal. (Perhaps these features indicate the site of a Dorset barber shop.) These hairs are well preserved and appear microscopically little different from modern-day hairs. »

Naturellement, dans ce cas, le rasoir n'est autre qu'une microlame.

Deux ans plus tôt, 2 échantillons avaient été soumis au même laboratoire. Le premier (PgHb-1:1597) provenait d'une hutte thuléenne, N36, le second (PeHa-1:2206) du site dorsétien de Saatut : I-49. La conclusion du même examinateur, G.R. Carroll, était la suivante :

« The Thule and Dorset scalp hair samples are indicative of Mongoloid ethnic origin. Although differences are present between the two samples, they are of such a nature as could be encountered between virtually any two individuals within a given ethnic group.

The features observed in these two samples overlapped those observed in modern-day Chinese, Amerind, Inuit (from Alaska and Frobisher Bay areas), and Inuit-Caucasian mixed individuals (standard samples held at this laboratory).

The most notable difference between the Thule and Dorset samples was their shade as observed longitudinally. The Thule hairs ranged from medium brown to opaque black, while the Dorset ranged from dark brown to opaque black.

Cross-section contour can often be an important indicator of ethnic origin; round exhibited by Mongoloid, oval by Caucasian, and elliptical or oblong by Negroid. Interestingly, both Thule and Dorset samples show slightly oval contours. In comparison with modern-day standards Inuit exhibited round contours while Chinese and Amerind exhibited round to slightly oval contours.

Although both Thule and Dorset samples lacked roots, probably due to degeneration, the Thule hairs were remarkably well-preserved. The Dorset sample exhibited some cuticular and cortical degeneration. Maximum length observed in the Thule sample was 104 mm, while in the Dorset sample 31 mm. »

Au sujet de ces deux échantillons de cheveux, l'un dorsétien, l'autre thuléen, citons le passage suivant d'une lettre que nous écrivait le 14 novembre 1978, le Dr. Otto Schaefer, alors directeur de la « Northern Medical Research Unit, Medical Services, N.W.T. Region » :

« I was interested to see the rather curly human hair from the same period. It has been my impression that quite a few Inuit from Arctic Quebec as well as other areas of the Eastern Arctic have curly hair and not all of this is explained by White admixture. I have previously, in correspondence with Dr Bruce Chown from the Rh-Lab in Winnipeg, expressed the opinion that the high percentage of N blood group genes and certain anthropological features such as extreme dolichocephaly, sagittal and supra-orbital ridges, greater hairiness on the face and body, etc., most markedly found on the South Eastern edge of Inuit lands are non-mongoloid primordial features which they may have in common with Palaeo-Asiatic and Australoid racial remnants which predated later immigration waves, bringing distinctly mongoloid elements and the Eskimo language. The curly hair from 1500 years ago would fit that... »

ANNEXE II

Le niveau du mercure dans les cheveux de Dorsétiens et de Thuléens

La constatation depuis plusieurs décennies déjà du haut niveau de mercure dans le sang et les cheveux des Inuit a provoqué plusieurs recherches sur le rôle et la source du mercure dans l'environnement naturel. Ces recherches n'ont pas encore réussi à déterminer la source exacte du mercure naturel dans l'Arctique (certains soupçonnent sa présence dans des récifs et sédiments de la mer de Beaufort), mais montrent que le niveau du mercure naturel est plus élevé dans le milieu marin du nord et de l'ouest de l'Arctique.

On a constaté que le mercure est emmagasiné cumulativement dans le foie du phoque, au point qu'à certains endroits comme Holman Island l'accumulation peut atteindre 2 ppm par année d'âge. Les ours blancs se nourrissant principalement de phoques, et l'étude de leurs poils – qui naturellement se renouvellent et ne révèlent qu'une ingestion récente – montre qu'ils peuvent atteindre exceptionnellement un niveau de 28 ppm.

En ce qui concerne le niveau du mercure dans un groupe humain, une étude entreprise dans toutes les communautés des T.N.O. montre que les Inuit de Clyde River, de Broughton Island et de Pond Inlet sont de ceux qui ont le plus haut niveau de mercure, ce niveau variant d'ailleurs plus ou moins selon que l'individu consomme surtout de la viande de phoque ou de la nourriture importée. La conclusion est que les hauts niveaux de mercure ne dépendent en rien du mercure

industriel qu'on trouve normalement beaucoup plus au sud.

On pouvait se demander si ce niveau élevé de mercure est présent uniquement dans les populations actuelles ou s'il a pu se manifester aussi dans un passé lointain. C'est ce qui avait incité le Dr. Bryan Wheatley, qui étudiait le problème des contaminants pour le Ministère de la Santé, à nous demander des échantillons de cheveux préhistoriques et en particulier de cheveux dorsétiens. Pour les 4 échantillons dorsétiens analysés, le taux n'était pas très élevé – respectivement: 3,7, 1,0 et 2,2 ppm pour des échantillons de Nunguvik et 1,4 pour un échantillon de Saatut.

La longueur des échantillons dorsétiens était en général de 2 à 3 cm. Par contre, les échantillons venant des maisons thuléennes de Nunguvik atteignaient parfois jusqu'à 14 cm et l'analyse centimètre par centimètre montrait que la proportion de mercure variait d'un centimètre à l'autre. Le tableau suivant montre cette variation dans 3 cas différents.

Le cheveu poussant d'environ 1 cm par mois, ce tableau montre que le taux de mercure varie au cours de l'année, variation qui dépend vraisemblablement de la plus ou moins grande importance du phoque dans la nutrition.

Afin de pousser plus loin l'analyse, le Dr. Wheatley envoya des échantillons de cheveux dorsétiens et thuléens au laboratoire

de Rochester, USA, pour une analyse millimètre par millimètre.

L'analyse portait également sur d'autres
éléments comme le fer, le cuivre, le zinc, le
calcium et le manganèse. La comparaison des
courbes montrant le niveau, millimètre par
millimètre, de chaque élément est frappante.
Alors que, pour la plupart des autres éléments,
la courbe est régulière et varie assez peu d'un
millimètre à l'autre, pour le mercure, la
courbe est en dents de scie, retombant souvent
à zéro. Pour le Dr. Wheatley, chaque pointe
pourrait représenter un moment où un phoque
a été tué et consommé. Pour l'analyse d'un
cheveu thuléen, la courbe est similaire et les
pointes signalant la présence du mercure
semblent plus nombreux.

Centimètres	Taux de Mercure (ppm)		
	PgHb-1:146	PgHb-1:160	PgHb-1:328
1	2,0	1,5	0,9
2	2,0	1,5	0,9
3	1,2	1,3	0,9
4	1,1	1,2	0,7
5	1,0	1,4	0,6
6	0,9	1,1	0,4
7	0,9	1,2	0,6
8	0,9	0,8	0,6
9	1,2	0,8	0,6
10	0,8	0,6	
11	0,7		
12	0,8		
13	0,8		
14	0,8		

Tableau 11 : Distribution des concentrations de mercure dans les cheveux humains de PgHb-1.

ANNEXE III

Pièces de bois portant des traces de clous provenant de N73

Deux pièces de bois taillées portant des traces de clous ont été trouvées en 1978 à N73 à une profondeur de 55 cm. sous une grosse pierre. L'une d'elles a fourni la date suivante (S-1615: 670±50; AD 1280). Cette même pièce, envoyée à l'Institut Canadien de Conservation, a fait l'objet de la note suivante:

« The red material in and around the hole in the wood was examined nondestructively... The analysis confirmed the presence of Iron, and also a small quantity of Lead.

Marilyn Laver, Acting Chief, Analytical Research Services, C.C.I. »

Les deux pièces de bois, accompagnées d'une troisième trouvée à proximité, furent envoyées ensuite au Laboratoire de Paléoécologie du Quaternaire du Ministère des Mines et Ressources Naturelles (Canada) pour identification. La note qui suit en résulta:

« Wood identification report No 81-9, Date: March 6/81

Locality: Nunguvik site, Baffin Island, Field No: PgHb-l: 8483, 8484, 8488. Lab No: Pl-81-9...

The three pieces are identified as White pine type which includes both Eastern White Pine (*Pinus strobus*) from eastern North America as well as several other species from various areas of North America, and Swiss Pine (*Pinus cembra*) from Europe. These species cannot be distinguished by their wood anatomy.

R.J. Mott, Quaternary Paleoecology Laboratory »

Cette communication était accompagnée de la note suivante:

« Enclosed is Bob Mott's report No 81-9 on the wood samples collected at Nunguvik, Baffin Island...All three are pine. We have found the odd pine among the driftwood samples... but it is *Picea* (spruce) and *Larix* (larch) that are the most common by far. When pine does occur, it is usually of the *Pinus sylvestris* type, whereas these samples are all of the white pine type!...

Weston Blake, Jr., Terrain Science Division »

Il semble donc que la probabilité soit très forte que les morceaux de bois trouvés à N73 soient d'origine européenne et vraisemblablement viking.

ANNEXE IV

Mandibule de chien provenant de Nunguvik maison 73

En 1977, une mandibule de chien fut découverte à Nunguvik dans le complexe N73. Elle
était en deux morceaux séparés qui se trouvaient à moins de 10 cm de la surface. Peu
après son arrivée au Musée, elle fut confiée
au Dr. Richard Harrington qui en fit une étude
détaillée. Nous reproduisons ci-dessous
l'essentiel de cette étude, laissant de côté le
grand tableau comparatif qui l'accompagnait.

« Identification : *Canis familiaris* (domesticated dog)

1. Left mandible with all teeth except
LP1, LM2, LP4 (evidently these three teeth
were lost or removed at an early age: there
appears to be trace of an LP1 or LP2 socket,
but it is minute). Evidently LM3 slipped out
of its socket. Teeth are heavily worn on their
occlusal surfaces and the roots are clearly
exposed, indicating an old individual is
represented. Teeth are generally dark brown
on the outside and whitish buff beneath. The
anterior portion of the coronoid process is
worn and the angle of the jaw is lacking. The
inside of the mandible is stained darker than
the outside, and there are fine cracks on the
latter surface suggesting that it had been
exposed and weathered on the top of the
ground for some time prior to burial. Dark
peaty matrix is seen in the foramina and
sockets.

2. Right mandible lacking the ascending
ramus above the condyle (the break is not
sharp there, as if some natural erosion had
occurred at this surface). As in 1., the angle
of the jaw has been eroded. RI1 and RI2 and

RM3 are missing from their sockets, whereas
RP1, RP2 and RP4 were lost or removed at an
early age, for there are no traces of sockets.
The fact that the symphyses of 1. and 2. fit
perfectly, and that the degree of wear on the
teeth is similar, indicates that they belonged
to the same individual. The fact that Pls, P2s
and P4s were lost or removed at an early age
from both jaws seems more than coincidental,
as I have been unable to match this situation
in about 60 recent or archaeological specimens
of dogs and wolves from North America.
It would be important to try to find more
remains of dog jaws at this site to see if this
feature may have a cultural basis. In recent
times, teeth of Eskimo dogs were sometimes
modified to prevent them chewing readily
through their sealskin traces or harness.
Generally the surface of the mandible and its
teeth are paler in colour than 1., except for the
lower portion of the mandible, which may
have been buried for an extended period of
time. Mental foramina are large, tend to be
single, and are situated between P3s and Cls.

Comments: These specimens are identified as
belonging to a dog because of the relatively
(to wolves) deep mandible, convex lower
margin of the mandibles when seen from the
side, tooth row bowed out centrally, the con-
cavity of the posterior margin of the ascending
ramus when seen from the side (13 of 15
[87%] dog specimens had this character,
whereas 7 of 9 [78%] wolves had straight to
convex posterior margins), small teeth, short
jaw, and the number of dental anomalies (see,
for example, Nowak 1979 :103-105). There

were no dental anomalies among the sample of wolves, whereas Pls were lacking (with no trace of sockets) in the entire sample of Thule Culture dogs – even where relatively young dogs (subadults?) were represented. In two cases (possibly right and left mandibles of the same old individual – S 346 (1 & 2) – among the Thule dogs both Pls and P2s are missing. Among modern Eskimo dogs sampled, Pls are missing in one case, Pls and P2s are missing on both sides of the jaw in one case, Pls and P2s are missing on the right side only in one case, and P4s are missing on both sides in one case. In this group also, NMC 17051 collected near Hudson Bay in 1903-04 has missing P3s on both sides of the jaw. Only one of the three Indian dogs is missing the Pls. Still, none of the scores of canid specimens examined had P1-P2 and P4 missing on both sides of the jaw as occurs in the Dorset (?) Culture dog from Nunguvik. Where size is concerned, the Dorset (?) Culture dog is closest to the mean measurements of the Thule Culture dogs in 10 of 17 cases (59%) and is closest to the jaws of the rather small Canadian Indian dogs (from archaeological sites) in the remaining 41% of the cases.

So, according to the canid material examined, the Dorset (?) Culture dog mandible is closest to those of Thule Culture dogs, but is smaller in many measurements. Modern Eskimo dogs are generally larger than either the Dorset (?) or Thule Culture dog mandibles, as might be expected from animals that are better fed and that perhaps had a history of interbreeding with large European dog breeds (e.g. Allen 1920: 445 states: « It seems

apparent that the large size of some present-day Eskimo dogs is therefore due to the influence of imported stock, and that probably the aboriginal Eskimo Dog was not a much larger animal than the Common Indian Dog. » Certainly the few comparative measurements made on early Indian dogs here tend to support the latter part of this statement). And, it is worth putting forward the hypothesis for future testing that Indian and Eskimo dogs may have had a common ancestor, perhaps 5,000 or 6,000 years ago in the Beringian region. In any case, generally the size gradient is as follows, from smallest to largest: Indian dog, Dorset (?) Culture dog, Thule Culture dogs, modern Husky dogs, wolves...

It is interesting to note possibly the earliest historical account of Eskimo dogs (from Martin Frobisher's 1577 voyage to York Sound on Frobisher Bay, Baffin Island, as recorded in Hakluyt's Voyages): The possessions of these people are described including « also dogges like unto woolves, but for the most part black. » Mention is made that the Eskimos yoked the dogs together like oxen to a sled, and that the Eskimos transported their equipment thus over the ice from place to place. When hungry, they ate the dogs. Allen (1920: 492) comments that Frobisher found a smaller breed of dog than the sled dog, which was apparently used for food. Evidently the latter dogs were allowed the freedom of the Eskimo skin tents. Allen speculates that they were a dwarf variety of the Eskimo dog, « or as seems likely, a small breed similar to those of the Hare Indians or of other tribes of the mainland ».

In conclusion, the Dorset (?) Culture canid mandibles belong to a rather old individual best referred to as a domesticated dog (*Canis familiaris*), and one more closely allied to Thule Culture dogs than ancient Indian dogs or modern Eskimo dogs. Nevertheless, it is worth noting that the Dorset (?) Culture dog is smaller than the Thule Culture dogs on several measurements, in which cases it approaches more closely the sample of three Indian dogs.

References:

Allen, G.M.

   1920 *Dogs of the American aborigines.* Bulletin of the Museum of Comparative Zoology 63: 431-517.

Nowak, R.M.

   1979. *North American Quaternary Canids.* Museum of Natural History, University of Kansas, Monograph 6:1-154.

March 17, 1981 C.R. Harington »

Bibliographie

Arnold, Charles D.

    1981   *The Lagoon Site (OjRl-3): Implications for Palaeoeskimo interactions.* National Museum of Man, Archaeological Survey of Canada, Mercury Paper 107. Ottawa.

Arundale, Wendy H.

    1981   Radiocarbon dating in Eastern Arctic archaeology: a flexible approach. *American Antiquity* 46 (2):244-271.

Birket-Smith, Kaj

    1929   *The Caribou Eskimos.* Report of the Fifth Thule Expedition 1921-1924. Vol. 5 (I & II). Gyldendalske Boghandel. Copenhagen.

Boas, Franz

    1907   *The Eskimo of Baffin Land and Hudson Bay.* American Museum of Natural History Bulletin, 15. New York.

Bosi, G. R.

    1960 *The Lapps*. Thames & Hudson. London

Brézillon, Michel

    1977   *La Dénomination des objets de pierre taillée. Matériaux pour un vocabulaire des préhistoriens de langue française.* 4e supplément à Gallia Préhistoire, C.N.R.S. Paris.

Collins, Henry B.

    1956   Archaeological investigations on Southampton and Coats Islands, N.W.T. Bulletin No 142, *Annual Report of the National Museum of Canada for 1954-1955, Bulletin 142:* 82-113. Ottawa.

Falconer, G., G.D. Ives, O.H. Loken and J.T. Andrews

    1965   Major end moraines in Eastern and Central Arctic Canada. *Geographical Bulletin* 7 (2): 137-153.

Ford, J.A.

    1959   *Eskimo prehistory in the vicinity of Point Barrow, Alaska.* Anthropological Papers of the American Museum of Natural History, 47. New York.

Jackson, G.D. & W.C. Morgan

    1978   Precambrian metamorphism on Baffin and Bylot Islands: metamorphism in the Canadian Shield. *Geological Survey of Canada Paper* 78-10: 249-267.

Jordan, Richard

    1980   Preliminary results from archaeological investigations on Avayalik Island, extreme northern Labrador. *Arctic* 33: 607-627.

Jenness, Diamond

    1925   A new Eskimo culture in Hudson Bay. *Geographical Review* 15: 428-37.

Knuth, Eigil

    1967   *Archaeology of the Musk-ox Way*. Contributions du Centre d'Etudes Arctiques et Finno-scandinaves No 5, Ecole Pratique des Hautes Etudes. Paris.

Larsen, Helge et Froelich G. Rainey

    1958   *Ipiutak and the Arctic Whale Hunting Culture*. Anthropological Papers of the American Museum of Natural History, 42. New York.

Leroi-Gourhan, André

    1945   *Milieu et techniques.* Albin Michel. Paris

    1946   *Archéologie du Pacifique-Nord. Matériaux pour l'étude des relations entre les peuples riverains d'Asie et d'Amérique.* Travaux et mémoires de l'Institut d'Ethnologie, 47. Paris.

    1964   Notes de morphologie descriptive. Cours de Préhistoire. Paris F.L.S.H.

Leroi-Gourhan, André et Michel Brézillon

    1972   *Fouilles de Pincevent. Essai d'analyse ethnographique d'un habitat magdalénien.* 7e supplément à Gallia Préhistoire, Section 36, C.N.R.S. Paris

Loken, Olav H.

    1965   Postglacial emergence at the south end of Inugsuin Fiord, Baffin Island, N.W.T. *Geographical Bulletin* 7, (3 & 4): 243-258.

Mary-Rousselière, Guy

    1976   The Palaeo-Eskimo in northern Baffinland. In *Eastern Arctic prehistory: Paleoeskimo problems*. M.S. Maxwell ed. Memoirs of the Society for American Archaeology 31: pp. 40-57. Washington

    1979a The Thule Culture on North Baffin Island: early Thule characteristics and the survival of the Thule tradition. In *Thule Eskimo culture: an anthropological retrospective.* A.P. McCartney ed. National Museum of Man, Archaeological Survey of Canada, Mercury Paper 88: 54-75. Ottawa.

1979b   A few problems elucidated and new questions raised by recent Dorset finds in the north Baffin Island region. *Arctic* 32: 22-32.

1984   Une remarquable industrie dorsétienne de l'os de caribou dans le nord de Baffin. *Etudes/Inuit/Studies* 8 (2): 41-59.

Mathiassen, Therkel

1927   *Archaeology of the Central Eskimos. The Thule culture and its position within the Eskimo culture.* Report of the Fifth Thule Expedition 1921-1924, 4 (1-2). Gyldendalske Boghandel, Nordisk Forlag. Copenhagen.

Maxwell, Moreau S.

1973   *Archaeology of the Lake Harbour district, Baffin Island.* National Museum of Man, Archaeological Survey of Canada, Mercury Paper 6. Ottawa.

1985   *Prehistory of the Eastern Arctic.* Academic Press. Orlando.

McCullough, Karen M.

1989   *The Ruin Islanders: Thule culture pioneers in the eastern High Arctic.* Canadian Museum of Civilization, Archaeological Survey of Canada, Mercury Paper 141. Hull, Québec.

McGhee, Robert

1979   *Early ASTt occupations at Port Refuge, High Arctic Canada.* National Museum of Man, Archaeological Survey of Canada, Mercury Paper 92. Ottawa.

1981   *The Dorset occupations in the vicinity of Port Refuge, High Arctic Canada.* National Museum of Man, Archaeological Survey of Canada. Mercury Paper 105. Ottawa

McGhee, Robert and James Tuck

1976   Undating the Canadian Arctic. In *Eastern Arctic prehistory: Palaeoeskimo problems.* Moreau S. Maxwell ed, Memoirs of the Society for American Archeology 31: 6-14, Washington.

Noone, H.V.V.

1934   A classification of flint burins or gravers. *Journal of the Royal Anthropological Institute of Great Britain and Ireland* LXIV: 81-92.

Petitot, Emile

1887   *Les grands Esquimaux.* Plon, Nourrit & Cie. Paris.

Plumet, Patrick

    1985   *Archéologie de l'Ungava: Le site de la Pointe aux Bélougas (Qilalugarsiuvik) et les maisons longues dorsétiennes.* Collection Paléo-Québec 18. Université du Québec à Montréal. Montréal.

Rowley, Graham

    1940   The Dorset culture of the Eastern Arctic. *American Anthropologist* 42: 490-499.

Schledermann, Peter

    1990   *Crossroads to Greenland.* Arctic Institute of North America, Komatik Series 2. Calgary.

Taylor, William E., Jr.

    1968   *The Arnapik and Tyara Sites: an archaeological study of Dorset culture origins.* Memoirs of the Society for American Archaeology 92. Salt Lake City

Taylor, William E., Jr. et Robert McGhee

    1979   *Archaeological Material from Cresswell Bay, N.W.T., Canada.* National Museum of Man, Archaeological Survey of Canada, Mercury Paper 85, Ottawa.

Nunguvik and Saatut Revisited

Patricia D. Sutherland

Father Guy Mary-Rousselière died before he was able to complete his manuscript on the Palaeo-Eskimo sites of Navy Board Inlet. It would be presumptuous and likely impossible, given the loss of information that resulted from the tragic fire which also took Fr. Mary's life, for anyone to write a final interpretive chapter on the nearly two decades of archaeological research that he carried out at Nunguvik and Saatut. However, it may be appropriate to conclude this book with a brief discussion on evidence that has recently come to light in the collections from these sites, and which has stimulated an entirely new research initiative involving a re-evaluation of these and other Dorset Palaeo-Eskimo sites in the eastern Arctic.

In 1999, in preparation for this publication, I was asked to make a selection of artifacts from Nunguvik and Saatut for the creation of plates which would illustrate the range of specimens described in the text. While undertaking this task, I encountered the three-metre length of cordage (Planche 21_b, Annexe I) which had been recovered from house complex N73 at Nunguvik; another smaller length, probably originally a part of the same specimen (Planche 21_a), was also noted in the collections. I was struck by the similarity of this cordage to that which I had seen while working at the site of Garden Under Sandet, the Norse farm in the Greenlandic West Settlement that was excavated from 1991 to1996 by the Greenland and Danish National Museums. A sample of the cordage from Nunguvik was sent to Penelope Walton Rogers, a textile analyst who has worked extensively with the Greenlandic

Norse material. Rogers identified it as spun and plied cordage made from Arctic hare fur, with a few stray hairs attached to it which were almost certainly goat. She also reported that the cordage was directly comparable to yarns used in two textiles from Gården Under Sandet (Rogers 1999). These two Greenlandic textiles, one with yarn spun exclusively from Arctic hare fur and the other with yarns spun from goat hair and the fur of Arctic hare, were recovered from deposits dating to the last phase of occupation of the farm, from the end of the thirteenth century until about AD 1350 (Østergård 1998). N73 at Nunguvik had also produced pieces of wood which were identified as White pine, one of them containing holes made by iron nails (Annexe III and Planche 15_h, and one of the pieces was radiocarbon dated to the late 13th or 14th century (S-1615: 670 ± 50 B.P., 1 σ calibrated range AD 1284-1388)

These finds were sufficiently coherent to suggest exploration of an hypothesis regarding contact between Dorset culture Palaeo-Eskimos and mediaeval Europeans in the eastern Canadian Arctic. With this in mind, I undertook a more detailed examination of the collections from Dorset cultural deposits at Nunguvik, and in particular those associated with house complex N73. It soon became apparent that the N73 assemblage included numerous artifacts, mostly made from wood, which were outside the range of style and technique associated with other Palaeo-Eskimo assemblages. The wooden specimens fall into several categories. They include artifacts displaying techniques, such as mortising, which occur in mediaeval

European assemblages (Planche 13$_c$); artifacts of unknown function which show some
resemblance to those recovered from Norse
contexts (Planche 15$_{b, c, d, i, k}$); and artifacts,
such as the wooden point illustrated in
Planche 8$_k$, which are comparable to Norse
types. Wooden blade sheaths, such as that
illustrated in Planche 8$_l$, are reminiscent of
Norse utensil-containers; as Fr. Mary noted,
a similar specimen was recovered from the
Skraeling Island Thule site, which produced
numerous Norse artifacts. The objects identified as possible bow parts (Planches 13$_e$ and
16$_{a,b}$) are also of interest in that they show
some similarity to Norse specimens, but
appear to have been subsequently modified.
In addition, there are carvings of human faces
with European-like features, such as long
noses and well-defined eye brows (Planche
18$_{f,g,h}$), which are similar to those previously
noted by archaeologists working on other
Dorset collections.

The large wooden artifact assemblage
from Nunguvik, which is mainly associated
with N73, has long been seen as aberrant
among Palaeo-Eskimo collections. This unique
assemblage has generally been considered to
result from excellent conditions of preservation at the site, or from a unique local Palaeo-
Eskimo response to an abundance of raw
material in the form of driftwood. The
hypothesis of a European association with this
woodworking industry would seem to provide
a better explanation of the form of the artifacts, the presence of such large quantities of
wood in a locality which is not noted for an
abundance of driftwood, and of species of
wood which are not normally found in the
Arctic drift.

That Fr. Mary did consider the idea of
a Norse connection at Nunguvik is demon-
strated in the analyses which he had per-
formed and which are reported in Annex III
of this book, as well as in an earlier publication in which he discussed specimens that
he identified as model skis (Rousselière
1979). His hesitation to explore the idea
further seems to have been based on the
relatively early radiocarbon dates associated
with much of this material, which would have
placed it too early in time for an association
with the Greenlandic Norse, but possibly also
because of fear of academic disapproval.

With the evidence from the Nunguvik
collections suggesting Dorset-European
contact, I began to examine assemblages
from other sites held in the collections of the
Canadian Museum of Civilization. This work
revealed that a small amount of similar wooden
material had been recovered by Fr. Mary from
Saatut (Planche 36$_{a,b,c,d}$), and from the mixed
deposits at Button Point on Bylot Island.
Unusual wooden specimens, as well as spun
cordage, were also found in Dorset assemblages from the site of Willows Island 4 in
Frobisher Bay, the Nanook and Tanfield sites
near Kimmirut, and the Avayalik 1 site in
northern Labrador, while spun cordage was
found as far south as the Cape Ray Dorset
site in Newfoundland (Sutherland 2000,
2001b).

The presence of an apparent pattern of
European technologies associated with Dorset
Palaeo-Eskimo assemblages over a large area
of the eastern Arctic led to the establishment
of the Helluland Archaeology Project at the
Canadian Museum of Civilization. As part of
this project, I have examined archaeological
collections in several museums in Canada,
Greenland, Scandinavia and the British Isles,
as well as initiating a programme of excavation at Baffin Island Dorset sites.

The excavation component of the project began in 2000, with visits to a number of sites on northern Baffin Island. The work included a brief examination of the site of Saatut where significant erosion was noted since it had been mapped by Fr. Mary in 1982 (Figure 7). Limited test excavations were carried out at Nunguvik, where I was assisted by Cornelius Nutarak, Lorna Kilukishak, and Alexander Ootoowak from Pond Inlet and by Martin Appelt, a researcher from the Danish National Museum in Copenhagen. The work concentrated on examining the remaining stratigraphy of house complex N73 and testing the adjacent structure N72. (Sutherland 2001a; Figure 8). This research was expanded during a three-week field season in 2001, with assistance from Lanny Arnakallak and Gerry Koonark from Pond Inlet and Karen Ryan, a graduate student from the University of Toronto (Sutherland 2002)

The preliminary excavations undertaken in 2000 and 2001 confirm Fr. Mary's description of N73 as an extremely complex archaeological feature, representing repeated occupations of the same locality over a period of several centuries. The lack of apparent stratigraphic order to the artifacts and radiocarbon dates are consistent with the interpretation of episodes of disturbance and reconstruction, as is the overall configuration of feature N73 as it appears prior to excavation on the aerial photograph of the site (Figure 3 – this feature is located close to the shore, directly above the N on the north arrow; also see Figure 2). The turf used to build walls during the latest phase of occupation appears to have included cultural deposits dating to earlier periods, resulting in significant stratigraphic transposition of artifacts, and by implication of materials which were used for radiocarbon dating. This was also observed in N72 during

the 2001 excavations. At this point there seems little possibility of distinguishing through stratigraphic analysis the portions of the extensive N73 collections which derive from each of several episodes of occupation.

On the other hand, no evidence was found to indicate significant disturbance of the feature or subsequent introduction of specimens after the structure was abandoned, an event which appears to have occurred at some time around the 13th century AD. Particular attention was paid to the frost-crack which crosses a portion of N73, and which Fr. Mary considered as a possible means by which European artifacts might have been introduced to the archaeological deposits after the abandonment of the site by Palaeo-Eskimos. It is apparent that this feature cannot be associated with many of the anomalous artifacts recovered from the deposits, and is unlikely to have been a source of significant later contamination.

Given our relatively poor knowledge of temporal change in the styles of artifacts from Eastern Arctic Dorset components (Odess 2000), Fr. Mary's assessment of periods of occupation at Nunguvik was based largely on radiocarbon dating and he judged that the major occupation of N73 occurred around AD 500. However he did acknowledge the presence of a late Dorset component in N73. He also assigned a late Dorset age to the nearby houses N71 and N72, the latter overlapping one corner of the N73 house complex.

Several radiocarbon samples were selected and analysed in an attempt to understand the relationship between the materials resembling those of Norse Greenland and Fr. Mary's radiocarbon dates, suggesting that the occupation of house complex N73 dated several centuries earlier than the mediaeval Norse period. These included two samples of the cordage which had originally attracted my interest, as well as samples of caribou bone, antler and heather closely associated stratigraphically with the cordage and other anomalous artifacts. These samples returned a remarkably consistent series of dates which (with calibrated 1 σ distribution) range from the 7th to 8th centuries AD (Beta-134999: 1400 ± 40 BP; Beta-135000: 1320 ± 40 BP; Beta-139756: 1290 ± 40 BP; Beta-153141: 1330 ± 40 BP; Beta-153142: 1330 ± 40 BP). The dates suggest an occupation of N73 more recent than that assigned by Fr. Mary, but are earlier than would be expected for a component demonstrating contact with Europeans. Significant problems have recently been noted in the use of radiocarbon dating at Arctic sites, and it seems that for a variety of reasons such dates may often produce readings which are too early (McGhee 2000). However, the series of dates recently obtained from N73 is not readily explicable in these terms.

My re-examination of the artifact collection from Nunguvik, together with the field investigations that were carried out in 2000 and 2001, lead me to suggest that Nunguvik is among the most important of the archaeological sites so far discovered in the eastern Canadian Arctic. This judgment is based not only on the immense size of the site, the number of dwelling features, and the excellent preservation of the archaeological deposits. The site also appears to represent a broad temporal range and to have been a major occupation centre throughout both the Dorset Palaeo-Eskimo and Thule Inuit periods, while a few finds suggest that the locality was also used during earlier Palaeo-Eskimo times.

The recent recognition that many artifacts which had been assigned to the Dorset occupation at Nunguvik relate to European technologies, adds a new level of complexity to the interpretation of the site. Although this pattern of European-like technologies associated with Dorset assem-blages has now been recognized from at least four additional sites on Baffin Island and in Labrador, the Nunguvik assemblage provides the largest amount of evidence. Whatever the archaeological pattern represents in terms of interaction between Palaeo-Eskimos and Europeans, this contact is evidenced in a wide range of artifacts from the Dorset culture occupation of Nunguvik. The fact that the early Thule occupation at Nunguvik may overlap with the late Dorset occupation, as Fr. Mary has indicated, suggests that Nunguvik may have witnessed encounters between three distinct peoples (Palaeo-Eskimos, Europeans and Inuit), some of whom may have been attracted to the locality not only for its hunting resources, but also because of the presence of other populations who were willing to engage in beneficial trade. No other archaeological site known from the Eastern Arctic has Nunguvik's potential for leading to an understanding of such complex historical relationships.

Fr. Mary's nineteen years of excavation have produced a wide sampling of the archaeological deposits at Nunguvik and its sister-site Saatut, and have served to indicate the size and complexity of these deposits. His work has provided the information which we need in order to focus studies on more specific problems in interpreting the past occupations of these sites. From the viewpoint of a practical archaeologist, however, the Nunguvik site is so large, productive, and well preserved, that fruitful investigation of complex historical problems will require a relatively massive and lengthy investment of effort. It is to be hoped that, with the interest and support of the community of Pond Inlet, such efforts may be undertaken in order to preserve and understand the information provided by these unique historical resources.

References:

Odess, Dan
2000   One of these things is not like the other: typology, chronology, and the concept of Middle Dorset. Paper presented at Canadian Archaeological Association Annual Meeting, Ottawa, Ontario, May 2000.

Mary-Rousselière, Guy
1979   A few problems elucidated and new questions raised by recent Dorset finds in the north Baffin Island region. *Arctic* 32: 22-32.

McGhee, Robert
2000   Radiocarbon dating and the timing of the Thule migration. In *Identities and cultural contacts in the Arctic*, ed. by Martin Appelt, Joel Berglund and Hans Christian Gulløv, pp. 181-191. National Museum of Denmark and Danish Polar Centre, Copenhagen.

Østergård, Else
1998   The textiles: a preliminary report. In *Man, culture and environment in ancient Greenland: Report on a research programme*, ed. by Jette Arneborg and Hans Christian Gulløv. The Danish National Museum and Danish Polar Centre, Copenhagen. pp. 55-65.

Sutherland, Patricia D.
2000   Strands of culture contact: Dorset-Norse interactions in the Canadian Eastern Arctic. In *Identities and cultural contacts in the Arctic*, ed. by Martin Appelt, Joel Berglund and Hans Christian Gulløv, pp. 159-169. National Museum of Denmark and Danish Polar Centre, Copenhagen.

2001a   Helluland Archaeology Project: Report on 2000 field season. Manuscript report prepared for the Government of Nunavut, Department of Culture, Language, Elders and Youth; on file with the Archaeological Survey of Canada, Canadian Museum of Civilization, Hull, Quebec.

2001b   Strangers, partners, neighbours? Dorset and Europeans in Arctic Canada. Paper presented in Seminar Series, Archaeology Unit, Memorial University of Newfoundland. Manuscript on file with the Archaeological Survey of Canada, Canadian Museum of Civilization, Hull, Quebec.

2002 Helluland Archaeology Project: Report on 2001 field season. Manuscript report prepared for the Government of Nunavut, Department of Culture, Language, Elders and Youth; on file with the Archaeological Survey of Canada, Canadian Museum of Civilization, Hull, Quebec.

Walton Rogers, Penelope
1999 A plied yarn from Nunguvik, Baffin Island, PgHb-1:4765. Manuscript report on file with the Archaeological Survey of Canada, Canadian Museum of Civilization, Hull, Quebec. 2 pp.

Figure 8 : Cornelius Nutarak et Lorna Kilukishak à Nunguvik, 2000

Akulik

ᐊᑯᓕᒃᑐᖅ ᓴᑯᒃ

ᘇᒃᒐᕐᖦ ᓴᓇᓴᒍ ᐊᒉᒥᐅᖅᐳᒍ. ᐅᒦᐅᒥᑕ ᘇᒃᐴᒥᑕ ᐊᒍᓕᐅᖅᑌᕋ ᘇᐅᑎᑫᒍ.
    ᐊᒉᐃᖁᐦ ᘇᒃᓐᖅᖅ ᐱᓯᖦᐸᕋ ᐃᐸᒐᖅ ᐊᑎᓐᒍᒍ. ᑎᑫᒪᓕ ᐊᑌᒐᖥᓯᖦ ᖅᐃᒃᑐᒍᒍ, ᖅᐃᒃᓕᒃ ᖅᐲᒃᐱᑎᒐᒐᑕ
ᐅᖅᖦᐳᖅ, ᐊᒉᐃᖁᖦ.
ᐊᑐᐵᘇᒃᑎᐊᖦᐳᖅ ᐅᖦᐱᒦᐱᒃᑎᐊᖦᐳᑎᕋ,
ᐊᑐᒪᒃᒃᖅᖦᖓᖅᐸ Cᒪᖦᐊᒪᕈ ᘇᖏᕵᖦᐸᐵᕋ.
    ᐅᒐᖅᖦᖅᖦᒪᖓᕵᕋ ᐊᑐᒐᖅᐳᒥᕋᑕ ᓴᖦᑯ. ᐃᖑᐊᓴ ᓴᘇᖤᖦᒻᑎᐊᒉᐅᖅᖦᐳᖦ. ᖅᑲᐊᒉᖤᒃᑌᐅᖦᐳᒍ ᐊᒉᖅᖦᓇᖋ
ᐊᑐᐵᘇᒃᑎᐊᒪᑕ ᐃᒃᖅᖓᕵᐃᐸᕋᕋᕋ.
    ᐅᓇᐵᖅ ᓴᐅ
ᒎᖦᒃᒥᐵᓴᖋ ᐊᑐᖥᐸᕋᕵ

ᑏᖋᓿᒋᔪ ᘇᒃᖋᖅ
ᒑᖙᒪᒐᒃᒥᖦ

Akulik
(le nom inuktitut pour ce type de tête de harpon)

Le père Mary et moi avons voulu faire l'essai d'un harpon dorsétien pour voir si cela allait fonctionner. J'ai donc fabriqué une tête de harpon à partir d'un andouiller, comme celui de Saatut. Du bateau, j'ai harponné un phoque. J'ai commencé à découper le phoque alors que la corde et le harpon y étaient toujours fichés. J'ai dit au père Mary de

Akulik
(the Inuktitut name for this kind of harpoon head)

Father Mary and I wanted to experiment with a Dorset harpoon to see if it would work. So I made a harpoon head out of antler like the one from Saatut. From the boat, I harpooned a seal with it. I started to cut up the seal with the rope and harpoon still in it. I told Father Mary to come and see the harpoon in the seal. Father Mary exclaimed "Asuilak!"

venir voir le harpon, à l'intérieur du phoque.
Le père Mary s'est exclamé : « *Asuilak* ! Ça
fonctionne. ». Nous croyons que le harpon
que nous avons trouvé à Saatut avait été
utilisé pour la chasse au phoque. À l'intérieur
du phoque, le harpon était de travers, tel qu'il
devrait l'être.

Je crois que tous les objets que nous avons
trouvés ont été employés par nos ancêtres.

Cornelius Nutarak
Pond Inlet

– it works. We believed that the harpoon that
we had found at Saatut was used for hunting
seal. Inside the seal, the harpoon was
sideways the way it ought to be.

I believe that all the things we found were
used by our ancestors.

Cornelius Nutarak
Pond Inlet

Figure 9 : Cache de six têtes de harpon trouvées à Saatut I. Photographe Susan Rowley.

Planches

Planche 1: Lames de Nunguvik.

a. Lame triangulaire, base concave   (Triangular endblade, concave base)   N73

b. Lame triangulaire, base concave   (Triangular endblade, concave base)   N73

c. Lame triangulaire, base rectilingue   (Triangular endblade, straight base)   N73

d. Lame triangulaire, base concave   (Triangular endblade, concave base)   N73

e. Lame triangulaire, base concave   (Triangular endblade, concave base)   N73

f. Lame à pédoncule et encoches bilatérales   (Stemmed and notched point)   N73

g. Lame à pédoncule   (Stemmed point)   N73

h. Lame à pédoncule   (Stemmed point)   N73

i. Lame à pédoncule   (Stemmed point)   N73

j. Lame à pédoncule   (Stemmed point)   N73

k. Lame triangulaire, base concave   (Notched triangular endblade)   N73

l. Lame à encoches bilatérales, symétrique   (Side-notched point)   N73

m. Lame à encoches bilatérales, symétrique   (Side-notched point)   N73

n. Lame à encoches bilatérales, à bout arrondi (Side-notched point with rounded tip)   N73

o. Lame à encoches bilatérales, à bout arrondi (Side-notched point with rounded tip)   N73

(Echelle 1 x)

Planche 2: Grattoirs et racloirs de Nunguvik.

a.	Grattoir	(Endscraper)	N73
b.	Grattoir	(Endscraper)	N73
c.	Grattoir	(Endscraper)	N73
d.	Grattoir	(Endscraper)	N73
e.	Grattoir	(Endscraper)	N76
f.	Racloir à bord concave	(Concave sidescraper)	N73
g.	Racloir à bord rectiligne	(Sidescraper)	N73
h.	Racloir à bord rectiligne	(Sidescraper)	N46
i.	Racloir à bord concave	(Concave sidescraper)	N73
j.	Racloir à bord rectiligne	(Sidescraper)	N73

(Echelle 1 x)

Planche 3: Burins et simili-burins de Nunguvik.

a.	Burin	(Burin)	N46
b.	Burin	(Burin)	N46
c.	Mini-burin	(Mini-burin)	N46
d.	Mini-burin	(Mini-burin)	N46
e.	Mini-burin	(Mini-burin)	N46
f.	Simili-burin	(Burin-like tool)	N46
g.	Simili-burin	(Burin-like tool)	N71
h.	Mini-simili-burin	(Mini-burin-like tool)	N76
i.	Chute de burin poli	(Polished burin spall)	N82

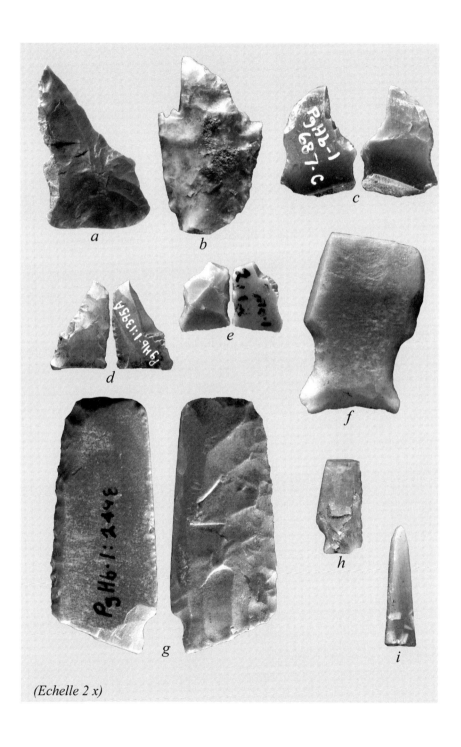

(Echelle 2 x)

Planche 4: Microlames et nucléus à microlames de Nunguvik.

a.	Nucléus à microlames	(Microblade core)	N76
b.	Nucléus à microlames	(Microblade core)	N73
c.	Nucléus à microlames	(Microblade core)	N71
d.	Microlame retouchée	(Retouched microblade)	N73
e.	Microlame retouchée	(Retouched microblade)	N46
f.	Microlame retouchée	(Retouched microblade)	N76
g.	Microlame retouchée à pédoncule	(Stemmed retouched microblade)	N46
h.	Microlame retouchée à encoches	(Notched retouched microblade)	N76

(Echelle 1.25 x)

Planche 5: Pièces en ardoise polies de Nunguvik.

a.	Lame à encoches bilatérales	(Notched blade, polished slate)	N46
b.	Lame à encoches bilatérales	(Notched blade, polished slate)	N82
c.	Lame à encoches bilatérales	(Notched blade, polished slate)	N76
d.	Lame à encoches bilatérales	(Notched blade, polished slate)	N73
e.	Lame «ulu» semi-lunaire	(Semi-lunar "ulu" blade)	N82
f.	Lame de genre «ulu»	(Ulu-like blade)	N76
g.	Lame d'herminette	(Adze blade)	N73
h.	Lame d'herminette	(Adze blade)	N71

(Echelle 1 x)

Planche 6: Outils lithiques de Nunguvik.

a.	Récipient en stéatite	(Soapstone vessel)	N76
b.	Fragment de récipient en stéatite	(Soapstone verssel fragment)	N73
c.	Aiguisoir	(Whetstone)	N73
d.	Aiguisoir	(Whetstone)	N73

a

b

c

d

(Echelle 0,5 x)

Planche 7: Têtes de harpon de Nunguvik.

a.	Tête de harpon, type D	(Harpoon head, type D)	N76
b.	Tête de harpon, type E	(Harpoon head, type E)	N82
c.	Tête de harpon, type E	(Harpoon head, type E)	N76
d.	Tête de harpon, Type D	(Harpoon head, type D)	N76
e.	Tête de harpon, Type A	(Harpoon head, type A)	N46
f.	Tête de harpon, Type A	(Harpoon head, type A)	N76
g.	Tête de harpon, Type A	(Harpoon head, type A)	N73
h.	Tête de harpon, Type A	(Harpoon head, type A)	N73
i.	Tête dc harpon, Type A	(Harpoon head, type A)	N73
j.	Tête de harpon, Type D	(Harpoon head, type D)	N73
k.	Tête de harpon, Type D	(Harpoon head, type D)	N76
l.	Tête de harpon, Type E	(Harpoon head, type E)	N73
m.	Tête de harpon, Type E	(Harpoon head, type E)	N73
n.	Tête de harpon, Type G	(Harpoon head, type G)	N73
o.	Tête de harpon, Type F	(Harpoon head, type F)	N73

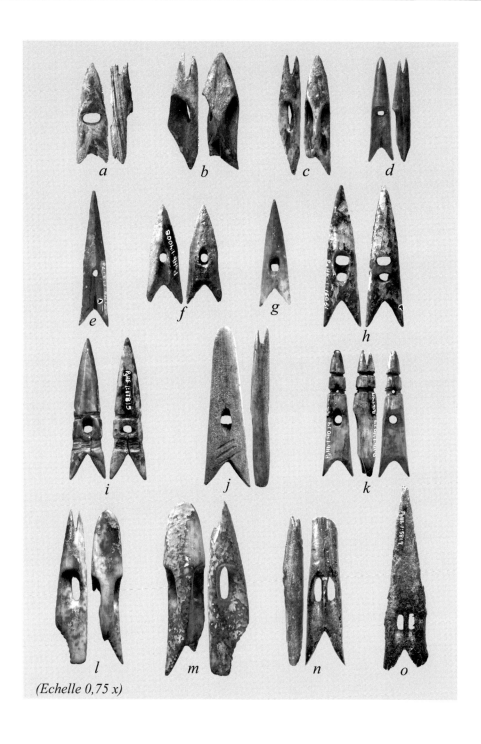

(Echelle 0,75 x)

Planche 8: Harpons à barbelures, hameçons et objets divers de Nunguvik.

a. Tête de harpon barbelé   (Barbed bone point)   N76

b. Tête de harpon barbelé, en bois   (Barbed wooden point)   N73

c. Tête de harpon barbelé   (Barbed bone point)   N73

d. Barbe   (Barb)   N73

e. Hameçon à mouettes   (Gull hook)   N73

f. Hameçon à mouettes   (Gull hook)   N73

g. Pré-hampe de harpon, modifiée en percuteur? (Harpoon foreshaft, modified as flaker) N71

h. Pré-hampe de harpon   (Harpoon foreshaft)   N73

i. Pré-hampe de harpon, modifiée en percuteur? (Harpoon foreshaft, modified as flaker) N73

j. Pré-hampe de harpon   (Harpoon foreshaft)   N46

k. Lame lancéolée en bois   (Lanceolate wooden point)   N73

l. Protecteur de lame   (Blade protector)   N73

m. Tête de lance   (Lance head)   N71

n. Tête de lance   (Lance head)   N76

a   b   c   d   e   f   g   h   i   j   k   l   m   n

(Echelle 0,75 x)

Planche 9: Aiguilles, perçoirs et instruments en métatarses de caribou de Nunguvik.

a.	Aiguille	(Needle)	N73
b.	Aiguille	(Needle)	N76
c.	Aiguille	(Needle)	N73
d.	Perçoir	(Awl)	N76
e.	Perçoir?	(Awl?)	N73
f.	Instrument en métatarse de caribou	(Caribou metapodial tool)	N73
g.	Racloir en métatarse de caribou	(Beamer)	N73

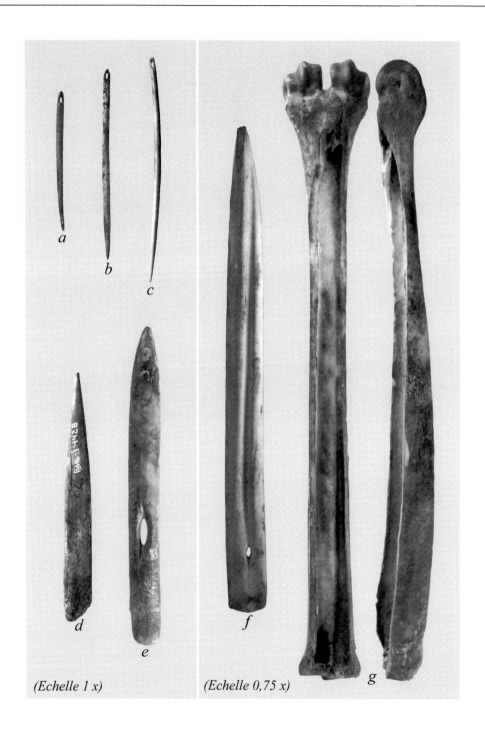

a

b

c

d

e

f

g

(Echelle 1 x)

(Echelle 0,75 x)

Planche 10: Pièces en os et andouiller de Nunguvik.

a.	Semelle de patins	(Sled shoe)	N76
b.	Semelle de patins	(Sled shoe)	N73
c.	Couteau à neige?	(Snow knife?)	N73
d.	Cuillère en andouiller	(Antler spoon)	N76
e.	Tête d'herminette	(Adze head)	N73
f.	Objet non identifié en andouiller	(Unidentified antler object)	N73
g.	Raclette en andouiller	(Antler scraper)	N73

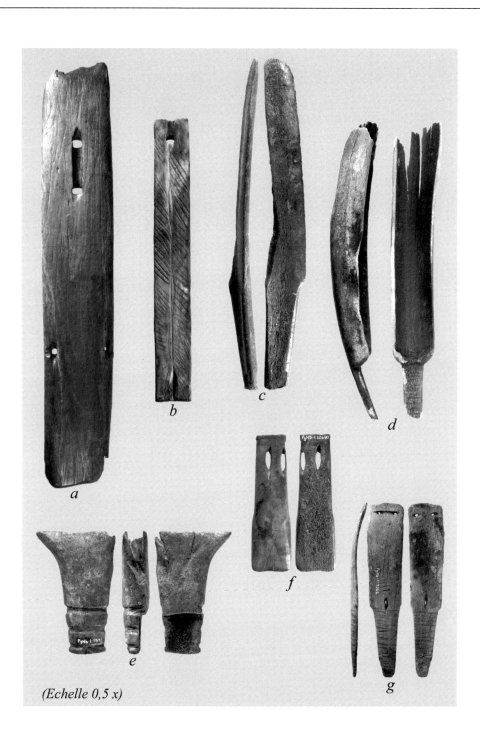

a

b

c

d

e

f

g

(Echelle 0,5 x)

Planche 11: Manches et supports de manche de Nunguvik.

a.	Manche à fente distale	(Handle with distal socket)	N73
b.	Manche double	(Double-ended handle)	N73
c.	Manche à fente distale	(Handle with distal socket)	N76
d.	Manche à fente latérale	(Handle with lateral socket)	N73
e.	Support de manche simili-burin	(Support for burin-like tool handle)	N76
f.	Support de manche simili-burin	(Support for burin-like tool handle)	N73
g.	Support de manche simili-burin	(Support for burin-like tool handle)	N76
h.	Support de manche simili-burin	(Support for burin-like tool handle)	N76

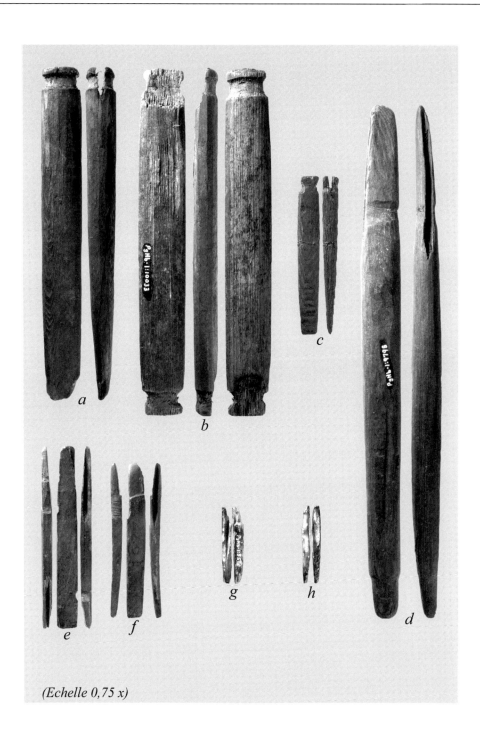

(Echelle 0,75 x)

Planche 12: Simili-burins emmanchés de Nunguvik.

a. Simili-burin emmanché   (Hafted burin-like tool)   N73

b. Simili-burin emmanché   (Hafted burin-like tool)   N71

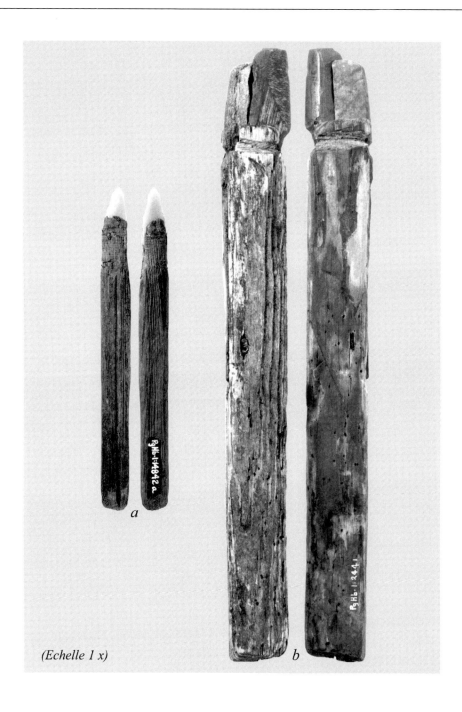

(Echelle 1 x)

a

b

Planche 13: Objets de bois de Nunguvik.

a. Pièce composite non identifié   (Unidentified composite object)   N73

b. Pièce non identifée avec rainures   (Unidentified object with grooves)   N73

c. Pièce non identifée avec mortaise   (Unidentified object with mortise)   N73

d. Pièce non identifée   (Unidentified object)   N73

e. Fragment d'arc?   (Bow fragment?)   N73

f. Pièce composite non identifée   (Unidentified composite object)   N73

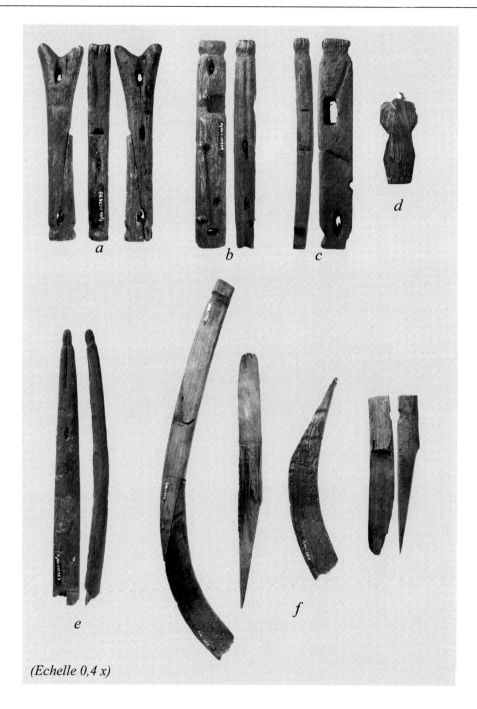

(Echelle 0,4 x)

Planche 14: Objets de bois de Nunguvik.

a. Morceau de patin de traineau   (Sled runner fragment)   N73

b. Côtes de kayak miniature?   (Miniature kayak ribs?)   N71

c. Fragments de ski miniatures   (Miniature ski fragments)   N73

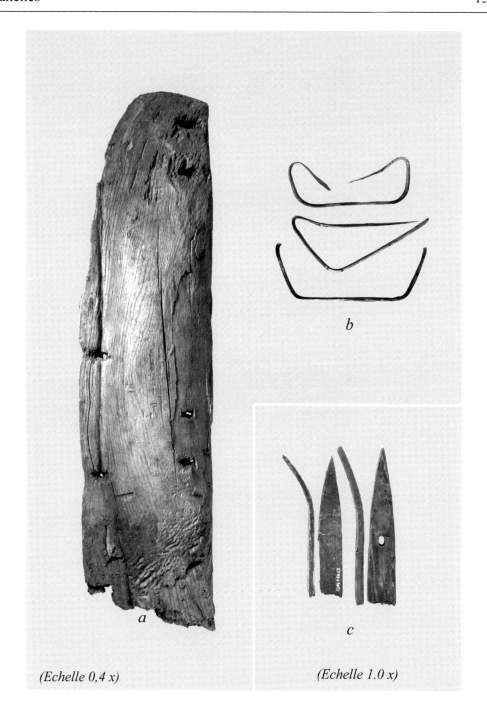

a

b

c

(Echelle 0,4 x)   (Echelle 1.0 x)

Planche 15: Objets de bois de Nunguvik.

a.	Objet perforé	(perforated object)	N76
b.	Disque perforé	(Perforated disk)	N73
c.	Objet perforé	(Perforated object)	N73
d.	Objet non identifié	(Unidentified object)	N73
e.	Objet non identifié	(Unidentified object)	N73
f.	Cheville	(Peg)	N73
g.	Cheville	(Peg)	N73
h.	Bois à traces de clou	(Wood with nail holes)	N73
i.	Objet perforé et encoché	(Notched and perforated object)	N73
j.	Pièce mince incurvée	(Thin curved object)	N73
k.	Plaques minces de boite composite?	(Composite box parts?)	N73

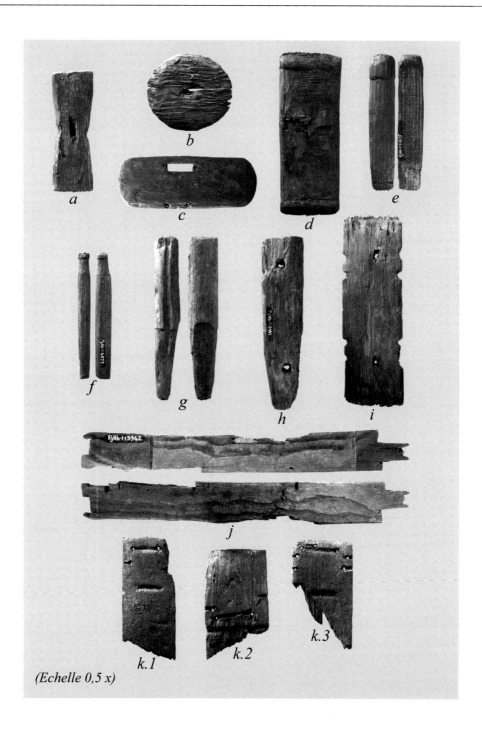

(Echelle 0,5 x)

Planche 16: Objets ornés de Nunguvik.

a. Pièce d'arc ornée et modifiée?   (Decorated and modified bow part?)   N73

b. Fragment d'arc orné et modifié?   (Decorated and modified bow fragment?)   N73

c. Morceau de semelle de patin orné   (Decorated sled shoe fragment)   N73

d. Objet de bois orné avec faces humaines   (Wooden object decorated with human faces) N73

e. Objet de bois orné avec tête humaine   (Wooden object decorated with human head)   N73

f. Objet de bois orné avec tête humaine   (Wooden object decorated with human head)   N73

g. Manche de bois orné avec tête d'ours   (Wooden handle decorated with bear head)   N73

h. Manche de bois orné avec tête d'oiseau   (Wooden handle decorated with bird head)   N73

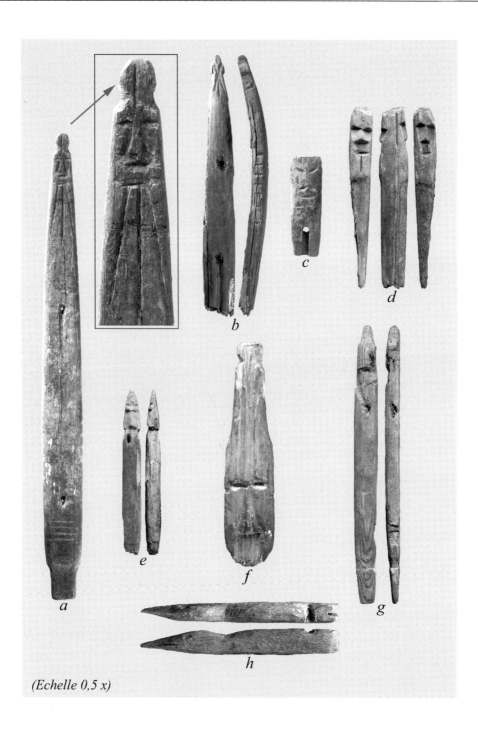

a

b

c

d

e

f

g

h

(Echelle 0,5 x)

Planche 17: Harpons et outils miniatures de Nunguvik.

a. Tête de harpon jouet, type A   (Toy harpoon head, type A)   N73

b. Tête de harpon jouet, Type A   (Toy harpoon head, type A)   N73

c. Tête de harpon jouet, logette ouverte   (Toy harpoon head, open socket)   N73

d. Tête de harpon jouet, Type E   (Toy harpoon head, type E)   N73

e. Tête de harpon jouet, Type E   (Toy harpoon head, type E)   N42

f. Tête de harpon jouet   (Toy harpoon head)   N46

g. Harpon barbelé jouet   (Toy barbed harpoon head)   N73

h. Préhampe de harpon jouet   (Toy harpoon foreshaft)   N76

i. Cuillère miniature en andouiller   (Miniature antler spoon)   N76

j. Lampe ou godet miniature de stéatite   (Miniature soapstone lamp or vessel)   N73

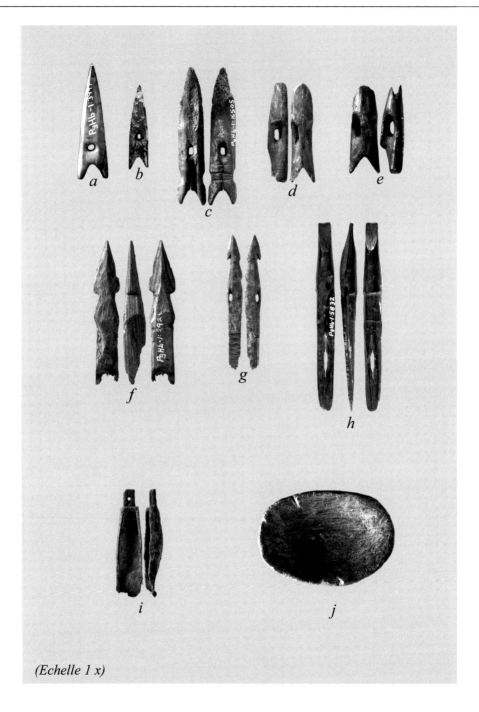

(Echelle 1 x)

Planche 18: Figures anthropomorphes de Nunguvik.

a.	Visage gravée en ivoire	(Face, ivory)	N73
b.	Visage en bois	(Face, wood)	N73
c.	Visage en bois	(Face, wood)	N73
d.	Torse de poupée articulée en bois	(Torso of articulated figure, wood)	N73
e.	Bras de poupée articulée en bois	(Arm of articulated figure, wood)	N73
f.	Visage en bois	(Face, wood)	N73
g.	Visage en bois	(Face, wood)	N73
h.	Tête pointue en bois	(Pointed wooden head)	N73
i.	Figure d'ours stylisé et visage en ivoire	(Face on stylized ivory bear figure)	N71

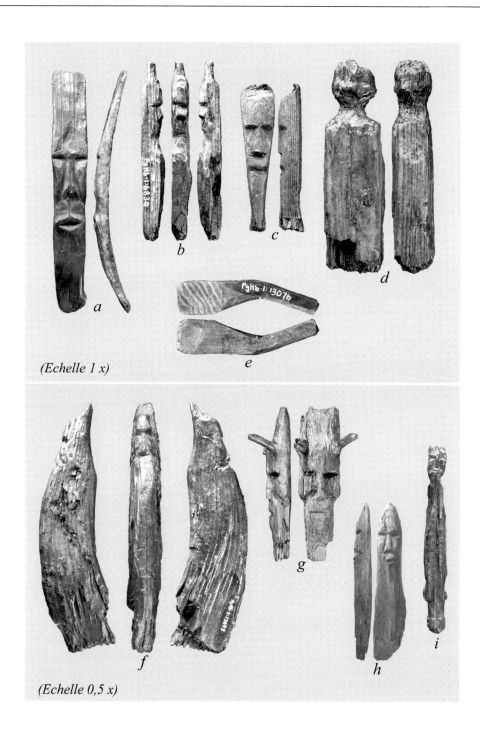

(Echelle 1 x)

a

b

c

d

e

(Echelle 0,5 x)

f

g

h

i

Planche 19: Figures zoomorphes de Nunguvik.

a.	Phoque en ivoire	(Ivory carving of seal)	N73
b.	Tête de morse, en ivoire	(Ivory carving of walrus head)	N73
c.	Baleine en ivoire	(Ivory carving of whale)	N73
d.	Tête d'ours en ivoire	(Ivory bear head)	N73
e.	Tête d' ours en bois	(Wooden bear head)	N73
f.	Tête d' oiseau en bois	(Bird`s head in wood)	N73
g.	Caribou articulé en bois	(Articulated caribou in wood)	N73

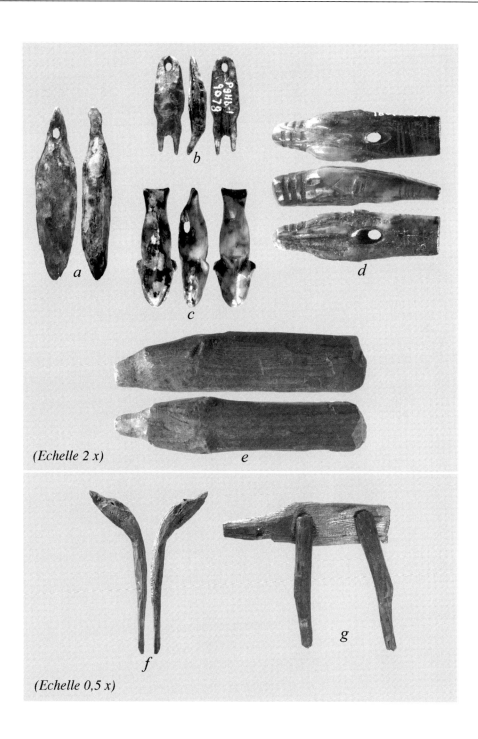

(Echelle 2 x)

(Echelle 0,5 x)

Planche 20: Objets divers de Nunguvik.

a. Objet non identifié, en ivoire   (Unidentified ivory object)   N73

b. Objet non identifié, en bois   (Unidentified wooden object)   N73

c. Objet non identifié, en bois   (Unidentified wooden object)   N73

d. Objet non identifié, fanon de baleine (Unidentified baleen object)   N73

e. Objet perforé non identifié, en ivoire (Unidentified perforated ivory object)   N73

f. Cuillère ou spatule en ivoire   (Ivory spoon or spatula)   N71

g. Fragment de stéatite, ornée et perforée (Perforated steatite fragment)   N73

h. Disque orné on os   (Decorated bone disk)   N46

i. Partie de bôite composite en andouiller (Composite box part, antler)   N76

j. Partie de bôite composite en andouiller (Composite box part, antler)   N73

k. Partie de bôite composite en andouiller (Composite box part, antler)   N73

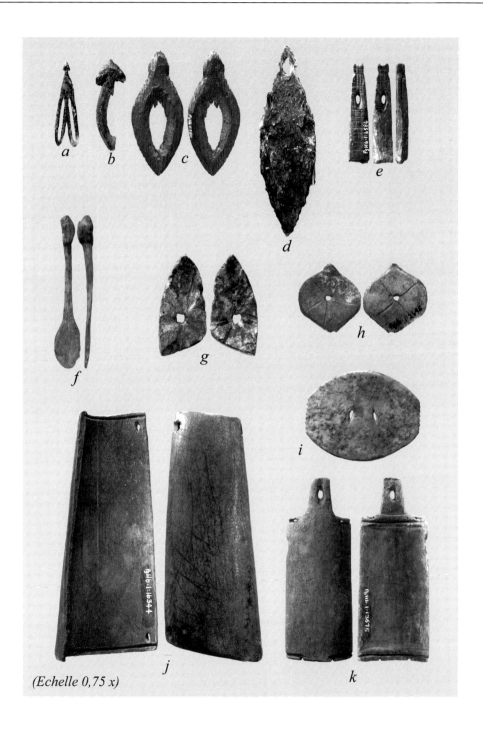

(Echelle 0,75 x)

Planche 21: Ficelle, de Nunguvik.

a. Ficelle en poils de lièvre (Yarn spun from hare fur)   N73

b. Ficelle en poils de lièvre (Yarn spun from hare fur)   N73

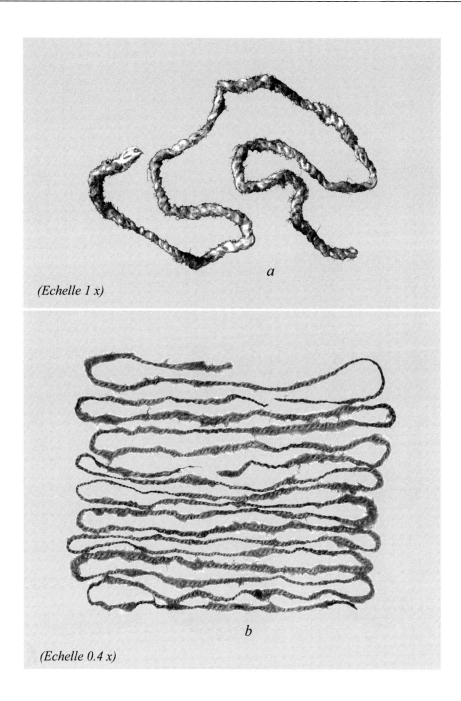

(Echelle 1 x)

a

b

(Echelle 0.4 x)

Planche 22: Lames triangulaires de Saatut.

a. Lame triangulaire, base concave   (Triangular endblade, concave base)

b. Lame triangulaire, base concave   (Triangular endblade, concave base)

c. Lame triangulaire, base concave   (Triangular endblade, concave base)

d. Lame triangulaire, base concave   (Triangular endblade, concave base)

e. Lame triangulaire, base concave   (Triangular endblade, concave base)

f. Lame triangulaire, base concave   (Triangular endblade, concave base)

g. Lame triangulaire, base concave   (Triangular endblade, concave base)

h. Lame triangulaire, base concave   (Triangular endblade, concave base)

i. Lame triangulaire, base concave   (Triangular endblade, concave base)

j. Lame triangulaire, base rectiligne   (Triangular endblade, straight base)

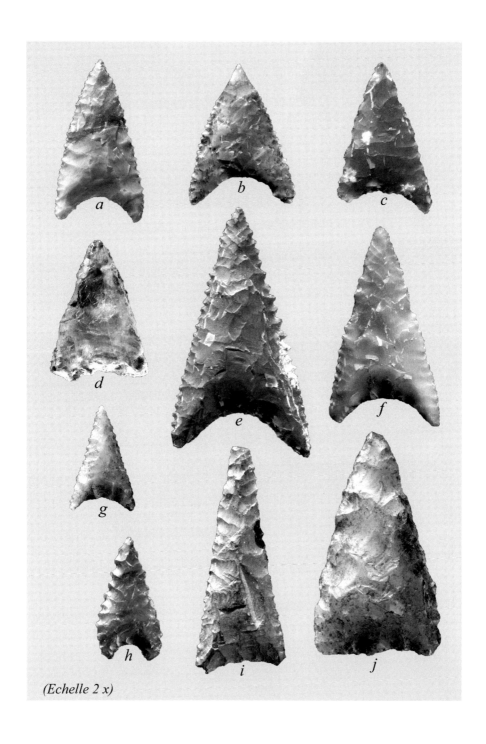

(Echelle 2 x)

Planche 23: Lames à encoches bilatérales de Saatut.

a. Lame à encoches bilatérales   (Side-notched point)

b. Lame à encoches bilatérales   (Side-notched point)

c. Lame à encoches bilatérales   (Side-notched point)

d. Lame à encoches bilatérales   (Side-notched point)

e. Lame à encoches bilatérales   (Side-notched point)

f. Lame à encoches bilatérales   (Side-notched point)

g. Lame à encoches bilatérales   (Side-notched point)

h. Lame à encoches bilatérales   (Side-notched point)

i. Lame à encoches bilatérales   (Side-notched point)

j. Lame à encoches bilatérales   (Side-notched point)

a
b
c
d
e
f
g
h
i
j

(Echelle 1.5 x)

Planche 24: Lames à pédoncule de Saatut.

a. Lame à pédoncule   (Stemmed point)

b. Lame à pédoncule   (Stemmed point)

c. Lame à pédoncule   (Stemmed point)

d. Lame à pédoncule   (Stemme d point)

e. Lame à pédoncule   (Stemmed point)

f. Lame à pédoncule   (Stemmed point)

a

b

c

d

e

f

(Echelle 2 x)

Planche 25: Grattoirs et racloirs de Saatut.

a. Grattoir   (Endscraper)

b. Grattoir   (Endscraper)

c. Grattoir   (Endscraper)

d. Grattoir   (Endscraper)

e. Grattoir   (Endscraper)

f. Racloir à bord concave   (Concave sidescraper)

g. Racloir à bord rectiligne   (Sidescraper)

h. Racloir à bord rectiligne   (Sidescraper)

i. Racloir à bord rectiligne   (Sidescraper)

j. Racloir à bord rectiligne   (Sidescraper)

k. Racloir à bord concave   (Concave sidescraper)

a

b

c

d

e

f

g

h

i

j

k

(Echelle 1,5 x)

Planche 26: Burins et simili-burins de Saatut.

a. Burin   (Burin)

b. Burin   (Burin)

c. Burin   (Burin)

d. Burin   (Burin)

e. Simili-burin   (Burin-like tool)

f. Simili-burin   (Burin-like tool)

g. Simili-burin   (Burin-like tool)

h. Simili-burin   (Burin-like tool)

i. Simili-burin   (Burin-like tool)

a   *b*   *c*   *d*

e   *f*   *g*

h   *i*

(Echelle 1,5 x)

Planche 27: Microlames et nucléus à microlames de Saatut.

a. Nucléus à microlames   (Microblade core)

b. Nucléus à microlames   (Microblade core)

c. Nucléus à microlames   (Microblade core)

d. Microlame rétouchée   (Retouched microblade)

e. Microlame rétouchée   (Retouched microblade)

f. Microlame rétouchée   (Retouched microblade)

g. Microlame rétouchée   (Retouched microblade)

h. Microlame   (Microblade)

i. Microlame   (Microblade)

(Echelle 1 x)

Planche 28: Pièces en pierre polies et stéatite de Saatut

a. Lame en ardoise polie à encoches bilatérales   (Notched blade, polished slate)

b. Fragment de lame en ardoise polie   (Fragment of polished slate blade)

c. Lame à tranchant convexe en ardoise polie   (Polished slate blade with convex edge)

d. Lame d`herminette polie   (Adze blade)

e. Morceau de petite récipient en stéatite   (Small soapstone vessel fragment)

a

b

c

d

e

(Echelle 1 x)

Planche 29: Têtes de harpon de Saatut.

a. Tête de harpon, type D   (Harpoon head, type D)

b. Tête de harpon, type D   (Harpoon head, type D)

c. Tête de harpon, type D   (Harpoon head, type D)

d. Tête de harpon, type D   (Harpoon head, type D)

e. Tête de harpon, type D   (Harpoon head, type D)

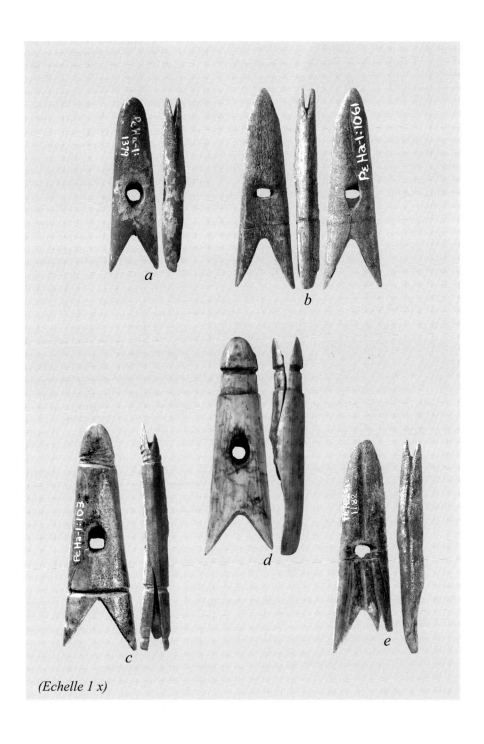

(Echelle 1 x)

Planche 30: Têtes de harpon de Saatut.

a. Tête de harpon, type A   (Harpoon head, type A)

b. Tête de harpon, type A   (Harpoon head, type A)

c. Tête de harpon, type A   (Harpoon head, type A)

d. Tête de harpon, type A   (Harpoon head, type A)

e. Tête de harpon, type A   (Harpoon head, type A)

f. Tête de harpon, type E   (Harpoon head, type E)

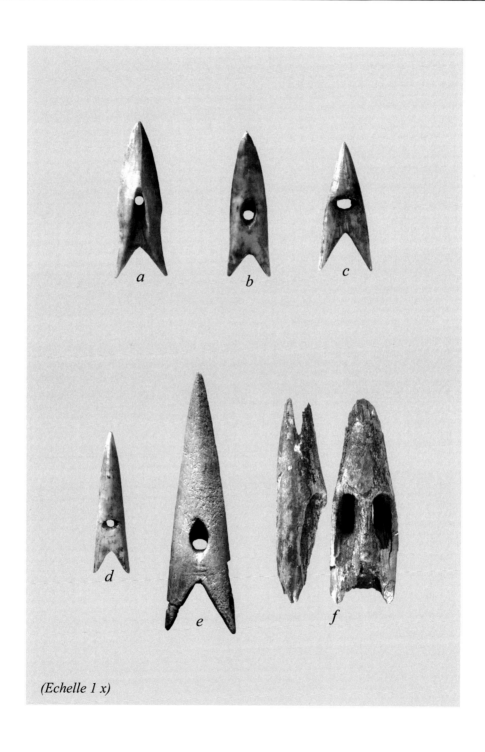

(Echelle 1 x)

Planche 31: Harpons à barbelures, préhampe et hameçons de Saatut.

a.	Tête de harpon barbelé	(Barbed harpoon point)
b.	Tête de harpon barbelé	(Barbed harpoon point)
c.	Tête de harpon barbelé	(Barbed harpoon point)
d.	Barbelure?	(Barb?)
e.	Hameçon à mouette	(Gull hook)
f.	Ergot de hameçon ou foène	(Barb of hook or fish-spear)
g.	Ergot de hameçon ou foène	(Barb of hook or fish-spear)
h.	Préhampe de harpon	(Harpoon foreshaft)

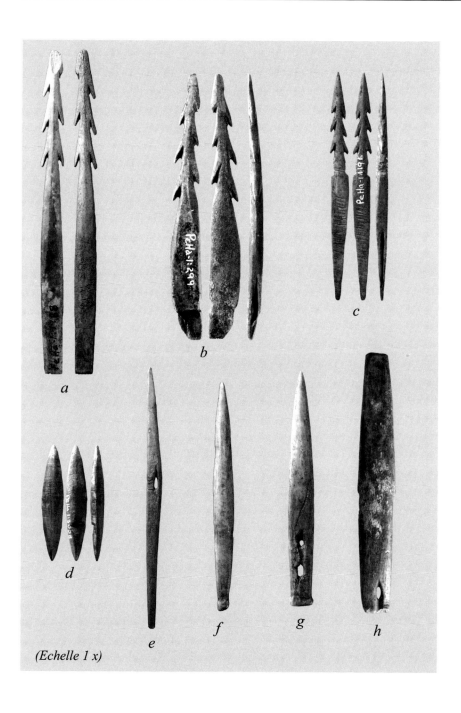

(Echelle 1 x)

Planche 32: Aiguilles et perçoirs de Saatut.

a. Aiguille   (Needle)

b. Aiguille   (Needle)

c. Aiguille   (Needle)

d. Aiguille   (Needle)

e. Aiguille ou perçoir   (Needle or awl)

f. Perçoir   (Awl)

g. Perçoir   (Awl)

h. Instrument en métatarse de caribou   (Caribou metapodial tool)

i. Instrument en métatarse de caribou   (Caribou metapodial tool)

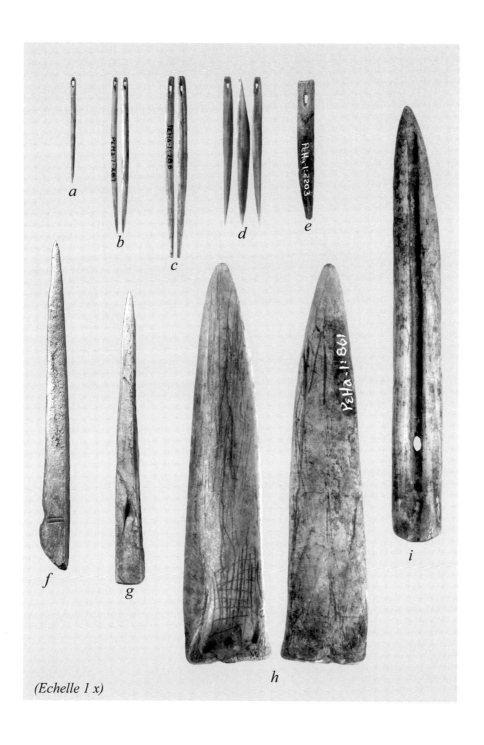

a *b* *c* *d* *e* *f* *g* *h* *i*

(Echelle 1 x)

Planche 33: Pièces en os, ivoire et andouiller de Saatut.

a. Objet non identifié   (Unidentified object)

b. Objet non identifié   (Unidentified object)

c. Raclette en andouiller   (Antler scraper)

d. Tête de herminette   (Adze head)

e. Objet non identifié   (Unidentified object)

f. Semelle de patin   (Sled shoe)

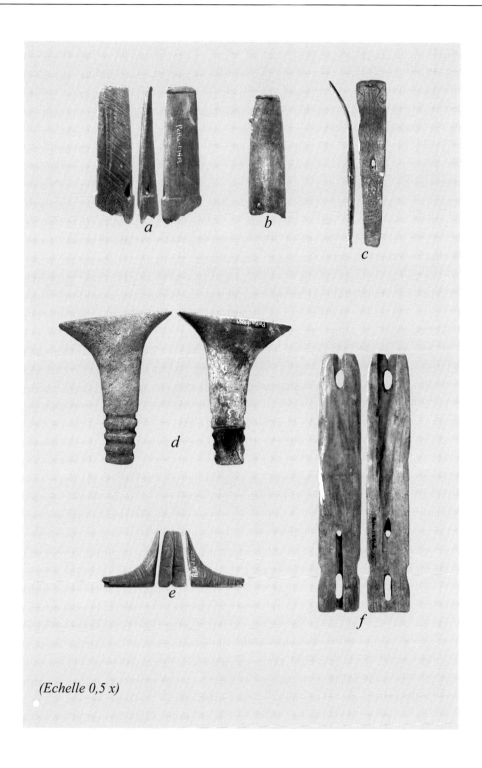

(Echelle 0,5 x)

Planche 34: Manche et supports de manche de Saatut.

a. Support orné de manche pour simili-burin   (Decorated support for burin-like tool handle)

b. Support orné de manche pour simili-burin   (Decorated support for burin-like tool handle)

c. Support de manche pour simili-burin   (Support for burin-like tool handle)

d. Support de manche pour simili-burin   (Support for burin-like tool handle)

e. Support de manche pour simili-burin ou microlame (Support piece for burin-like tool or microblade handle)

f. Support de manche pour simili-burin ou microlame (Support piece for burin-like tool or microblade handle)

g. Manche à microlame   (Microblade haft)

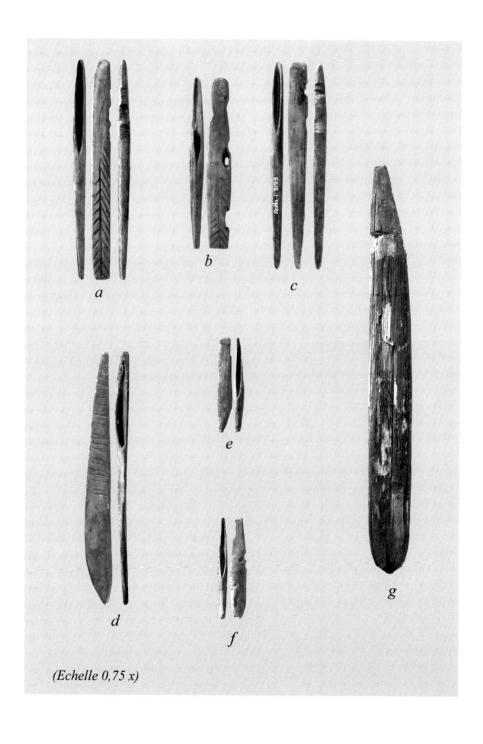

(Echelle 0,75 x)

Planche 35: Lames emmanchées de Saatut.

a. Lame à encoches emmanchée   (Hafted notched point)

b. Lame à encoches emmanchée   (Hafted notched point)

(Echelle 1 x)

(Echelle 2 x)

a

b

Planche 36: Objets non identifiés de bois de Saatut.

a. Objet perforé non identifié   (Unidentified perforated object)

b. Objet symétrique avec mortaises et tenon (Symmetrical object with
                                                            mortices and tenon)

c. Miniature d'objet "b"   (Miniature of object "b")

d. Objet non identifié encoché   (Unidentified notched object)

a

b

c

d

(Echelle 0,75 x)

Planche 37: Objets miniatures de Saatut.

a. Tête de harpon jouet, type A   (Toy harpoon head, type A)

b. Tête de harpon jouet, Type A   (Toy harpoon head, type A)

c. Tête de harpon jouet, Type A   (Toy harpoon head, type A)

d. Préhampe de harpon jouet   (Toy harpoon foreshaft)

e. Harpon barbelé jouet   (Toy barbed harpoon head)

f. Tête de herminette jouet   (Toy adze head)

g. Miniature patin de traineau   (Miniature sled runner)

h. Cuillère miniature   (Miniature spoon)

i. Cuillère miniature   (Miniature spoon)

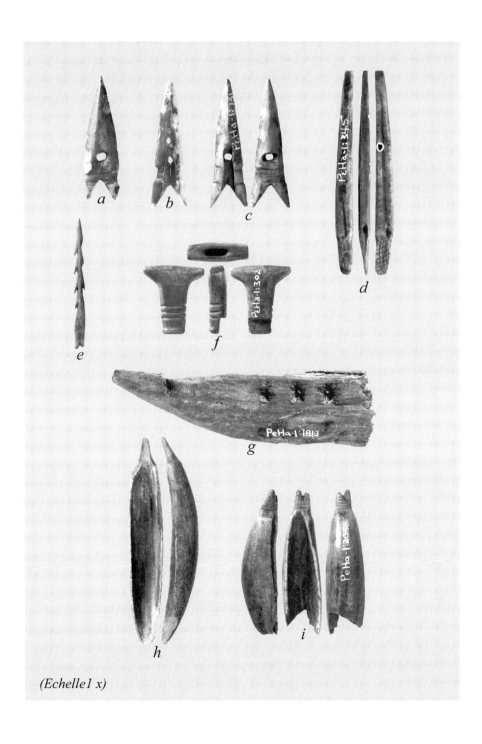

(Echelle1 x)

Planche 38: Objets sculptés de Saatut.

a. Tête de morse en ivoire   (Walrus head, ivory)

b   Phoque, ivoire   (Seal, ivory)

c. Tête humaine en bois   (Human head, wood)

d. Fragment de bôite composite   (Composite box fragment)

e. Tête humaine en bois   (Human head, wood)

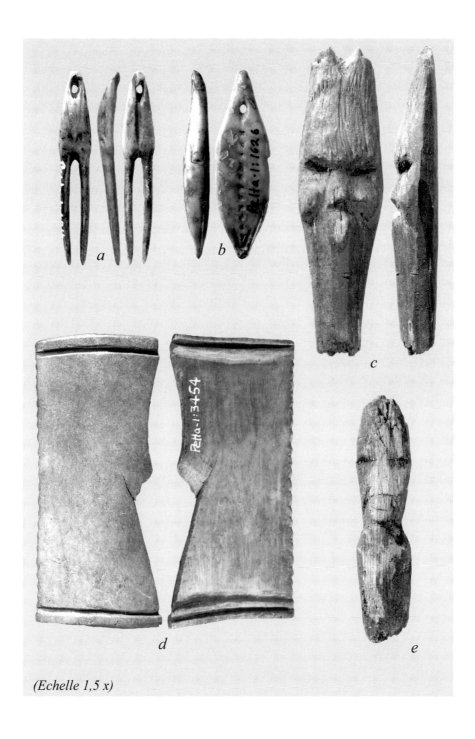

a

b

c

d

e

(Echelle 1,5 x)